대한민국 부모들을 충격으로 몰아넣은 아이들의 문해력 위기!

교과서를 읽어도 내용을 이해하지 못하는 아이들, 선생님의 설명을 이해하지 못해 수업을 못 따라가는 아이들, 공부가 싫어지고 자신감마저 잃은 아이들의 진짜 이유는 무엇일까요?

문해력이란 '글을 읽고 이해하는 능력'으로 독해력, 어휘력, 쓰기 능력을 모두 동원해 글을 이해하고 응용하는 것을 말해요.

그렇다면 우리 아이들의 문해력은 어떨까요? 컴퓨터 게임이나 유튜브 영상 시청은 많이 하지만 독서량은 줄어들면서 문해력에 필요한 독서 습관과 어휘력이 상당히 부족한 게 현실이지요.

「초등교과 가로세로 낱말퍼즐」은 초등학생들의 어휘력을 길러 주기 위해 초등학교 전 과목 교과서와 일상생활에서 꼭 알아야 할 낱말들을 엄선해 재미있는 퍼즐로 만들었어요.

초등 1~4학년은 문해력 격차를 따라잡을 수 있는 골드타임이에요. 빈칸을 하나하나 풀어 보면 어느새 어휘력이 쑥쑥 늘어나 교과서 내용도 쉽게 이해할 수 있어요. 또한 그 어휘를 사용해 새로운 문장도 만들다 보면 학교 공부에 대한 흥미도 더욱더 높아질 거예요.

문해력은 책만 많이 읽는다고 저절로 습득되는 것은 아니에요. 이 책은 아이들의 부족한 문해력과 어휘력을 키워 주기 위한 첫걸음으로, 낱말의 정확한 뜻과 비슷한 말, 반대말, 속담 등의 예문으로 구성되어 있어 재미와 지식을 함께 쌓아 줄 거예요.

문제

비슷한 말   반대말   속담   예시문(힌트)   영어 단어

▶▶▶ 가로 열쇠

1. 조선 선조 때 이순신이 만들어 왜적을 무찌른 철갑선
3. 병균, 먼지 같은 것을 막기 위해 코와 입을 가리는 물건
5. 무술을 잘하는 방법을 배우는 곳 (예)태권도 ○○에 다닌다
7. 늙은 호박보다 크기가 작고 단맛이 강해 식용으로 재배하는 호박
9. 우편물을 거두어 모으고 각 집에 배달하는 직원 (예)빨간 우체통
11. 청빈*과 복종을 서약하고 평생을 독신으로 수도하는 여성
12. 주로 풀밭에 살며 뒷다리가 발달해 잘 뛰는 곤충
14. 결혼했거나 결혼할 남자 (반)신부
15. 프랑스 작가 빅토르 위고의 장편 소설 「레 미제라블」에 등장하는 주인공

▼▼ 세로 열쇠

1. 네 쌍의 다리가 있고 똥구멍 앞에서 거미줄을 내어 벌레를 잡아먹는 동물
   (예)스파이더 맨
2. 열대, 아열대에 퍼져 있고 수분의 증발을 막기 위해 잎이 가시 모양으로 변한 식물
3. 재빠른 손놀림이나 여러 가지 장치, 속임수 따위를 써서 불가사의한 일을 해 보이는 술법 (비)요술, 마법
4. 서양화의 데생*에 쓰이는 파스텔 같은 막대기 모양의 미술 도구
6. 여럿이 뒤섞여 악을 쓰며 부르짖는 소리 (예)배고픈 아이들이 ○○○을 친다
8. 축하하거나 찬성하는 의미로 손뼉을 여러 번 치는 행위
10. 활등처럼 굽은 나무 막대기로 회전하면서 날아가고 목표물에 맞지 않으면 되돌아옴
13. 항공기를 운전하는 사람. 승무원 가운데 최고 책임자

| 청빈 | 성품이 깨끗하고 재물에 대한 욕심이 없어 가난함 |
| 데생 | 미술에서 주로 선으로 어떤 이미지를 그려 내는 기술 |

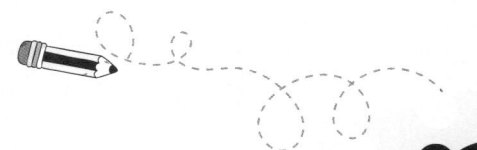

초등교과 가로세로 낱말퍼즐   01

➡ 정답 118쪽

가로 열쇠

1. 운임*을 받고 일정한 노선을 운행하는 대형 승합자동차 〔예〕통학 ○○
3. 동맥, 정맥, 모세혈관으로 피가 통해 흐르는 관 〔비〕핏줄
5. 바다에 이는 작은 물결이나 큰 물결 〔예〕○○타기
6. 책이나 옷 따위를 넣어 들거나 메고 다니는 물건 〔비〕배낭
8. 사교상의 마음가짐이나 몸가짐 〔비〕예절, 예의
9. 말의 새끼를 일컫는 말
11. 사람이나 생물이 세상에 나서 지낸 세월 〔비〕연령
14. 모기를 막으려고 치는 장막
15. 여러 동물을 사육하며 일반인에게 구경시키는 공원
〔예〕에버랜드 안에 ○○○이 있다

세로 열쇠

2. 가늘고 구멍이 없는 국수로 만든 이탈리아식 요리
4. 운동 경기, 공연, 영화 따위를 구경하는 사람 〔비〕관중, 구경꾼
7. 무엇을 두드리거나 다듬는 데 쓰는 도구 〔예〕도깨비○○○
8. 북아메리카 북극해 연안, 그린란드 등에 사는 인종. 이글루에서 생활함
10. 큰 죄를 지은 사람이 악마와 함께 영원히 벌을 받는다는 곳 〔반〕천국, 천당
12. 한 무리의 우두머리 〔예〕골목○○
13. 옛날 물건. 낡고 헌 물건 〔비〕폐물

〔운임〕 운반이나 운수 따위의 보수로 받거나 주는 돈

초등교과 가로세로 낱말퍼즐 02

1	2				3	4
	5					
			6	7		
8				9		10
			11			
		12			13	
14				15		

→ 정답 118쪽

▶▶ 가로 열쇠

2. 우리나라를 상징하는 국화 [예] ○○○ 삼천리 화려 강산
4. 주인공 심청이 아버지의 눈을 뜨게 하려고 공양미 삼백 석에 팔려 간다는 내용의 고전 소설
5. 쇠로 만든 크고 우묵*한 솥 [속] 콩 볶아 먹다가 ○○○ 깨뜨린다
7. 전문적으로 차를 운전하는 사람 [예] 버스 ○○
10. 자신의 잘못에 대해 용서를 구하는 일
12. 완전히 다 이룸 [반] 미완성
13. 날씨를 예측해 알려 주는 일
15. 땅속에서 천연으로 나는 탄화수소를 주성분으로 하는 가연성* 기름

▼ 세로 열쇠

1. 낮에 식사로 먹는 음식 [예] ○○시간
2. 전파를 이용해 음성·영상 데이터를 통신할 수 있도록 하는 기기
3. 그림 그리는 일을 직업으로 삼는 사람 [예] 나의 꿈은 ○○가 되는 것이다
6. 마술을 부리는 사람 [비] 요술사, 마법사
8. 물체를 있는 그대로 찍어 오랫동안 보존할 수 있게 만든 영상
9. 개나 고양이처럼 가까이 두고 귀여워하며 기르는 동물
11. 사람이 먹을 수 있는 열매 [예] ○○가게
13. 아시아 동쪽 끝에 있는 섬나라이자 우리나라의 이웃 나라
14. 보배로 쓰이는 반짝이는 광석

★
[우묵] 가운데가 둥그스름하게 푹 패거나 들어가 있는 모양
[가연성] 불에 잘 탈 수 있거나 타기 쉬운 성질

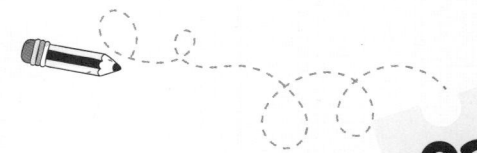

초등교과 가로세로 낱말퍼즐

→ 정답 118쪽

가로 열쇠

1. 우주를 오갈 수 있도록 만든 비행선
3. 줄어들거나 늘어나거나 하는 나선형 쇠줄 ㉫spring
5. 아가미와 지느러미가 있는 물에 사는 척추동물 ㉠바닷가에 가서 ○○○를 잡았다
7. 몸은 가늘고 가슴에 두 쌍의 날개가 있는 곤충으로 꽃의 꿀을 빨아 먹음
   ㉠○○넥타이
8. 조선 중기의 화가이자 문인이며 율곡 이이의 어머니 ㉠오만 원 권 지폐의 모델
11. 관상용식물로 줄기에 가시가 있고 품종이 다양함 ㉫rose
13. 잘못을 꾸짖거나 벌하지 않고 덮어 주는 일 ㉠○○를 빌다
14. 대소변을 볼 수 있게 만들어 놓은 방 ㉢변소
15. 김으로 밥을 말아 싸서 만든 음식

세로 열쇠

1. 우리 한민족이 세운 나라를 스스로 이르는 말 ㉠○○○○ 대한민국
2. 남에게 선사하는 물건 ㉠생일 ○○
3. 어떠한 일에도 겁내지 않는 용감한 기운
4. 열차의 운행을 위한 교통 시설 ㉠○○를 이용하면 편리하다
6. 고무로 만든 신 ㉠검정 ○○○
9. 여러 가지 내용을 일정한 순서로 배열하고 각각에 해설을 붙인 책
   ㉠국어○○
10. 말과 비슷하나 작고 귀가 긺 ㉠임금님 귀는 ○○○ 귀
12. 파마를 하거나 머리를 자르는 곳 ㉢미장원

관상용 두고 보면서 즐기는 데 씀. 또는 그런 물건

초등교과 가로세로 낱말퍼즐 04

1		2		3		4
		5	6			
7						
			8	9		10
	11	12				
		13				
14				15		

→ 정답 118쪽

▶▶▶ 가로 열쇠

4. 누런 바탕에 검은 줄무늬가 세로로 나 있는 사나운 육식 동물 예 ○○○와 곶감
5. 골짜기나 산꼭대기에서 소리를 지르면 조금 있다가 되울려 나오는 소리
6. 물건을 가져다가 받는 사람별로 나누어 전달하는 일
7. 건반을 손가락 끝으로 쳐서 소리를 내는 악기
9. 우리가 살고 있는 지구를 본떠 만든 모형 비 지구의
12. 우승을 기념하기 위해 주는 장식용 컵
    예 나는 글짓기 대회에 나가서 상장과 ○○○를 받았다
13. 밀가루나 찹쌀가루 반죽에 설탕을 넣어 둥글넓적하게 구워 낸 중국식 떡의 하나

▼▼▼ 세로 열쇠

1. 가늘게 내리는 비 비 이슬비, 보슬비 반 폭우, 호우
2. 은으로 만든 메달 예 그는 올림픽에서 ○○○을 땄다
3. 우리나라의 대표적인 민요의 하나 예 ○○○ 고개를 넘어간다
8. 여러 세대가 살고 있는 5층 이상의 건물
10. 꼬리가 아홉 개 달린 여우
11. 카페인이 들어 있고 독특한 향기가 있어 많은 사람이 마시는 짙은 갈색의 차

초등교과 가로세로 낱말퍼즐

05

	1			2		3
4				5		
			6			
7	8			9	10	
			11			
	12				13	

➡ 정답 118쪽

🟢 가로 열쇠

1. 아기를 재울 때 부르는 노래 예) 동생에게 ○○○를 불러 줬다
2. 문장의 끝맺음을 나타내는 부호
4. 몸은 검고 광택이 있으며, 짐승의 똥을 둥글리어 흙 속에 묻고 산란하는 곤충
6. 기계 따위의 기능에 이상이 생기는 일 비) 탈
7. 봄에 깔때기 모양의 분홍색 꽃을 피우는 관목* 예) 김소월의 ○○○꽃
8. 몸은 가늘고 길며 배에는 마디가 있고 앞머리에 한 쌍의 큰 겹눈이 있는 날개 달린 곤충 예) 고추○○○
9. 올챙이가 자라 이 동물이 됨. 네 발에 물갈퀴가 있고 소리 주머니를 부풀려 소리를 냄 예) 개굴개굴
10. 외국에 대해 국가를 대표하는 국가의 원수

🟢 세로 열쇠

1. 열고 닫는 물건에 채워서 열지 못하게 잠그는 쇠 반) 열쇠
2. 마귀처럼 요사* 스러운 여자 예) 백설공주에게 독사과를 건네준 ○○
3. 좋은 결과에 대해 상을 수여하는 내용을 적은 것
5. 무리나 조직을 이끄는 사람 비) 지도자
7. 전라남도 진도에서 나는 우리나라 품종의 개. 천연기념물 제53호임
8. 잠을 자면서 나도 모르게 중얼거리는 헛소리

☆
관목   키가 작고 밑동에 가지가 많아 덤불을 이루는 나무
요사   요망하고 간사함

초등교과 가로세로 낱말퍼즐 06

1					2		3
4			5			6	
7				8			
9				10			

➡ 정답 118쪽

▶▶▶ 가로 열쇠

1. 남을 속이는 일. 또는 그런 술수
4. 장난으로 놀리는 말 (반)진담
5. 철을 끌어당기는 성질이 있는 물체
7. 눈을 뭉쳐서 사람의 모양으로 만든 것
10. 상반신은 사람의 몸이고 하반신은 물고기인 상상 속의 동물 (예)○○공주
11. 소리 없이 방긋 웃는 웃음 (예)○○ 천사
12. 덩굴은 길게 뻗고 덩굴손*은 다른 것에 감아 붙으며, 열매는 여러 개의 알맹이로 맺히고 맛은 새콤달콤함 (예)○○송이
14. 끈이나 띠 모양의 장식용으로 만든 헝겊
16. 얇은 고무 주머니 속에 공기나 수소 가스를 넣어 공중으로 뜨게 만든 물건

▼ 세로 열쇠

1. 조상들의 지혜가 응축*되어 널리 전해지는 격언이나 잠언
2. 짐승 또는 가축의 질병 치료를 전문으로 하는 의사
3. 옛 중국에서 만들어져 오늘날에도 쓰이고 있는 문자 (비)한문
4. 논이나 밭에 곡류, 채소, 과일 등을 심어 가꾸는 일 (비)농업
6. 둥근 돌 모양의 열매. 맛이 시고 분홍색 씨가 들어 있음
8. 사람이 살지 않는 섬
9. 소리꾼 한 사람이 고수의 북장단에 맞춰 부르는 우리나라 고유의 민속 음악
12. 전쟁터에서 상대방에게 잡힌 적군 (예)그들은 전쟁터에서 ○○로 잡혔다
13. 학교에서 자연 관찰이나 역사 유적 견학 등을 다녀오는 행사
15. 가명이나 별명이 아닌 본인의 진짜 이름 (비)실명

덩굴손 가지나 잎이 실처럼 변해 다른 물체를 감아 줄기를 지탱하는 가는 덩굴
응축 내용의 핵심이 어느 한곳에 집중되어 쌓여 있음

초등교과 가로세로 낱말퍼즐 07

→ 정답 119쪽

⟫ 가로 열쇠

1. 바다 밑으로 잠수할 수 있는 전투함
3. 둥글고 속이 빈 쇠붙이 속에 물건을 넣어 흔들면 소리가 나는 물건
   (속) 고양이 목에 ○○ 달기
5. 그날그날 겪은 일이나 생각 등을 적는 나만의 책
   (예) 나는 매일 그림 ○○○에 일기를 쓴다
7. 우리나라 사람들이 사용하는 말 (비) 한국말
11. 훈민정음을 만든 조선의 제4대 왕
    (예) 광화문 광장에 가면 ○○○○ 동상을 볼 수 있다
13. 땅이 우묵하게 들어가 물이 고여 있는 곳 (예) 산정○○
14. 학생들을 모아 놓고 지식이나 기술을 가르치는 교육 기관

⌄ 세로 열쇠

2. 짐승 따위를 잡기 위해 파 놓는 구덩이 (예) ○○에 빠진다
3. 일정한 시설을 갖추고 라디오나 텔레비전을 통해 여러 가지 방송을 내보내는 기관
4. 세상에 태어난 날 (비) 생신
6. 의지가 될 만한 가장 중요한 사람을 비유적으로 이르는 말
   (예) 아빠는 우리 집안의 ○○이다
8. 프랑스 작가인 생텍쥐페리가 1943년에 발표한 소설 (예) 보아뱀 그림
9. 매달 내는 집세
10. 횡단보도에서 일정한 신호로 통행 여부를 알려 주는 등
12. 종이를 접어서 만든 학

초등교과 가로세로 낱말퍼즐

→ 정답 119쪽

▶▶ 가로 열쇠

1. 세 개의 점과 세 개의 직선으로 연결되어 있는 도형
4. 왕골이나 골풀의 줄기를 잘게 쪼개서 만든 자리 영 mat
5. 다소 굵직하고 긴 막대기 예 그는 ○○○를 휘둘렀다
7. 매우 신기해 그 이치 등을 알기 어려움 예 모나리자의 미소는 매우 ○○롭다
9. 천주교 신자들이 종교 의식을 치르는 성스러운 집 예 명동 ○○
10. 옛날에 임금님에게 글을 올려 의견을 소통하던 일 예 ○○문
11. 어떤 일이나 사물에 대해 골똘히 생각함
13. 아홉 명씩 이루어진 두 팀이 9회 동안 공격과 수비를 번갈아 가며 하는 구기 종목 예 ○○선수
14. 사진기나 촬영기에 넣으면 사진이 찍히는 얇고 긴 플라스틱 띠 영 film

▼ 세로 열쇠

1. 중국 진나라 때 진수가 위·촉·오 삼국의 역사를 기록한 책 예 유비, 관우, 장비가 등장한다
2. 한 부모 밑에서 태어난 남자 형제와 여자 형제를 아울러 부르는 말
3. 엄마와 아들을 아울러 부르는 말
5. 짧게 닳아서 거의 쓰지 못하게 된 연필
6. 엄마의 여자 형제
8. 화재나 긴급 상황 시 급하게 대피할 수 있는 출입구 예 화재 발생 시 ○○○를 통해 대피하십시오
12. 공기 중의 수분이 팽창해 물방울이나 얼음 결정이 떠 있는 것 예 하늘에 떠 있는 하얀 ○○

초등교과 가로세로 낱말퍼즐

▶▶ 가로 열쇠

2. 머리와 등에 가시가 빽빽이 나 있는 동물
4. 서로 마주 보며 이야기를 주고받음 비 대담 반 독백
6. 실속 없는 말이나 쓸데없는 말재주를 일삼는 일
7. 서로 어긋나고 달라서 차이가 나는 점 반 공통점
9. 실험이나 관찰을 목적으로 만든 방
10. 이유나 이치를 근거로 미루어 짐작함 예 증거를 가지고 범인을 ○○해 보다
11. 형 놀부로부터 쫓겨났으나 착하고 고운 마음씨를 가져 제비를 고쳐 주고 큰 부자가 된 소설의 주인공
13. 실내의 습도를 높이기 위해 물을 분무하거나 증발시켜 수증기를 만드는 기계

▼▼ 세로 열쇠

1. 서로 뜻이 정반대되는 말 예 '크다'와 '작다', '여자'와 '남자'
2. 태어나서 자란 곳. 부모님 때부터 대대로 살아온 곳 반 타향, 객지
3. 악보에서 악곡의 어떤 부분을 반복해 연주하거나 노래하도록 가리키는 기호
    비 반복 기호
5. 화장에 쓰이는 물품을 가리킴
8. 자기가 직접 겪으면서 배우는 것 예 학교에서 ○○○○을 가다
10. 햅쌀로 송편을 만들고 햇과일 등으로 음식을 만들어 차례를 지내는 우리 민족 고유의 명절 비 한가위
12. 남편과 그의 부인 속 ○○ 싸움은 칼로 물 베기

초등교과 가로세로 낱말퍼즐

Chapter 01 문해력 쑥쑥 고사성어

개과천선
改過遷善
고칠개 / 지날과 / 옮길천 / 착할선

지난 과거의 잘못을 고쳐 착하게 된다
과거에 잘못된 생각으로 했던 행동들을 고쳐 착하게 된다는 뜻이에요.

결초보은
結草報恩
맺을결 / 풀초 / 갚을보 / 은혜은

풀을 묶어서 은혜를 갚는다
죽어서도 은혜를 갚는다는 뜻으로 어떠한 어려운 상황에서도 꼭 은혜를 갚겠다는 말이에요.

고진감래
苦盡甘來
쓸고 / 다할진 / 달감 / 올래

쓴 것이 다하면 단 것이 온다
고생 끝에 좋은 일이 찾아온다는 말이에요.

과유불급
過猶不及
지나칠과 / 오히려유 / 아닐불 / 아닐급

지나친 것은 오히려 미치지 못한 것과 같다
넘침이나 부족함 없이 어느 한쪽으로 치우치지 않는 것이 좋다는 뜻이에요.

권선징악
勸善懲惡
권할권 / 착할선 / 혼낼징 / 악할악

착한 일을 권하고 악한 일을 벌한다
악한 행위는 반드시 벌해 바로잡고 선한 행위는 권해 장려해야 한다는 뜻이에요.

난공불락
難攻不落
어려울**난** / 칠**공** / 아닐**불** / 떨어질**락**

공격하기 어려워 쉽게 떨어지지 않는다
상대방이 너무 강해 공격하기가 어려워 어떤 일을 이루기가 어려울 때 쓰는 말이에요.

난형난제
難兄難弟
어려울**난** / 형**형** / 어려울**난** / 아우**제**

형이라 해도 어렵고 아우라 해도 어렵다
두 사람 중에 학문이나 재능이 비슷해 잘하고 못함을 가리기 힘들다는 뜻으로 수준이 비슷한 두 대상을 비교할 때 쓰이는 말이에요.

낭중지추
囊中之錐
주머니**낭** / 가운데**중** / 갈**지** / 송곳**추**

주머니 속의 송곳
뾰족한 송곳은 가만히 있어도 반드시 주머니를 뚫고 나오듯이 뛰어난 재능을 가진 사람은 남의 눈에 띈다는 뜻이에요.

노발대발
怒發大發
성낼**노** / 일어날**발** / 클**대** / 일어날**발**

성 내기를 크게 한다
몹시 노해 펄펄 뛰며 성을 내는 것을 말해요.

노심초사
勞心焦思
일할**노** / 마음**심** / 그을릴**초** / 생각할**사**

몹시 마음을 쓰며 애를 태운다
뭔가를 하면서도 속으로는 무슨 탈이 일어날지도 모른다는 생각에 잠긴다는 말이에요.

▶▶▶ 가로 열쇠

1. 친하게 오랫동안 사귄 사람 예 단짝 ○○
2. 보배로운 물건. 드물고 귀한 물건 비 보배, 보화
4. 식물이 잘 자라도록 주는 똥, 오줌 등의 물질 비 두엄, 퇴비
5. 등에는 회색 또는 녹색 바탕에 검은 무늬가 있고, 주위 환경에 따라 몸의 색깔이 변하는 동물 예 엄마 말을 반대로만 하던 동화 속 주인공
7. 1년 365일을 월, 일, 요일로 적어 놓은 것 비 월력
9. 머리를 계속 옆으로 가볍게 흔드는 모양 예 머리를 ○○○○ 흔들다
13. 촬영한 필름을 연속으로 비추어 실제와 같이 재현 해 보이는 것
    예 엄마랑 극장에 가서 ○○를 봤다
14. 누런색의 털에 흰 점이 고루 나 있는 작은 사슴

▼▼▼ 세로 열쇠

2. 음력 15일에 뜨는 둥근 달 예 쟁반같이 둥근 ○○○
3. 집안 살림에 쓰이는 각종 기구 비 살림살이, 세간
6. 단군의 고조선 건국을 기념하는 국경일 예 10월 3일은 ○○○이다
8. 기어 다니거나 꿈틀거리는 아주 작은 동물 예 바퀴○○
10. 알맞게 아껴 쓰는 행위 반 낭비, 허비
11. 일정한 형식 없이 특징만 살려 멋대로 그린 그림 예 코믹 ○○
12. 봄에 화창하게 피는 벚나무의 꽃
13. 지혜와 재능이 뛰어나고 용맹해 보통 사람이 하기 어려운 일을 해내는 사람
    예 이순신 장군은 우리 민족의 ○○이다

재현 다시 나타남. 또는 다시 나타냄

11 초등교과 가로세로 낱말퍼즐

1					2	
		3		4		
5	6				7	
				8		
	9		10			11
12					13	
14						

➡ 정답 119쪽

▶▶ 가로 열쇠

1. 자신의 생각이나 의견을 굽히지 않는 성질 비 억지
2. 낮에는 숲에서 쉬고 밤에 활동하는 얼굴이 둥근 새 비 부엉이
4. 놀이에서 숨은 아이들을 찾아내는 아이 예 ○○잡기
5. 그림이나 도형, 사진 등 다양한 시각적 작품을 통틀어 이르는 말
6. 먹은 음식이 잘 소화되지 않아 생긴 가스가 입으로 나옴
8. 자신의 품위를 스스로 높이 가지는 마음 예 내 친구는 ○○○이 무척 강하다
10. 마음에 흡족함. 모자람이 없이 충분하고 넉넉함 반 불만, 불만족
12. 법정에서 재판의 판결을 내리는 사람 예 ○○는 그에게 유죄를 선고했다
14. 어려운 사업이나 기록 경신에 맞섬을 비유해 이르는 말
    예 나는 세계 기록에 ○○하겠다
15. 조롱박이나 둥근 박을 반으로 쪼개어 만든 바가지
    예 약수터에 가서 ○○○으로 물을 마시다

▼▼ 세로 열쇠

1. 옛날 왕이 살았던 궁궐을 말함 예 경복궁, 덕수궁
2. 4년마다 열리는 국제 운동 경기 대회. 제1회 대회는 그리스 아테네에서 개최함
   영 Olympics
3. 미술 작품을 전시하는 시설
5. 햇빛이나 불빛을 가려서 나타내는 그늘
7. 부부를 기초로 한 가정을 이루는 사람들의 집단
9. 운동 경기에서 승부를 판정하는 일. 또는 그런 일을 하는 사람
11. 경상북도 울릉군에 속하는 작은 섬 예 ○○는 우리 땅
13. 어떤 직책에서 물러나겠다는 뜻을 밝히는 문서 비 사직서

 경신 종전의 기록을 깨뜨림

초등교과 가로세로 낱말퍼즐 12

➡ 정답 119쪽

가로 열쇠

1. 시간을 나누어서 할 일 따위를 적어 넣은 표 예 열차 ○○○
3. 산업, 경제, 문화 따위가 다른 나라보다 많이 뒤떨어진 나라 반 선진국
7. 오늘의 바로 다음 날. 다가올 앞날 반 어제
8. 조선 시대 장군으로 임진왜란에서 수군을 이끌고 전투마다 큰 승리를 이룬 명장
11. 몸의 여러 가지 병 비 질환
13. 유인원과의 동물. 키가 약 2m나 되며 팔이 길고 다리는 짧음 예 킹콩
14. 죄를 지은 사람이 범죄 사실을 자백*하는 행위

세로 열쇠

1. 눈이 물체나 모양 따위를 보는 능력 예 요즘 ○○이 나빠져 안경을 맞췄다
2. 호랑이와 비슷하나 몸집이 조금 작고, 온몸에 검고 둥근 무늬가 있는 고양잇과 동물
3. 어떤 일이 벌어진 뒤에 자신의 잘못을 뉘우침 비 반성
4. 나라의 경사를 기념하기 위해 법률로 정한 날 예 삼일절, 광복절
5. 어떤 사실의 전후 관계나 두 사실이 어긋나서 서로 맞지 않음 예 창과 방패
6. 회사의 책임자. 회사 대표의 권한을 가짐
8. 살던 곳을 떠나 다른 곳으로 옮김 예 우리 집은 내일 ○○를 간다
9. 유럽 옛 동화 속의 주인공으로 계모와 딸들에게 학대 받다가 나중에 왕자님과 결혼함
10. 매일 먹는 밥 대신 과일과 과자 따위의 군음식을 먹는 일 비 주전부리
12. 병을 앓고 있는 아픈 사람 비 환자

자백 자기가 저지른 죄나 자기의 허물을 남들 앞에서 스스로 고백함. 또는 그 고백

초등교과 가로세로 낱말퍼즐

1		2		3		4	
	5		6		7	
8		9		10		
				11	12		
13					14		

➡ 정답 120쪽

▶▶▶ 가로 열쇠

1. 중생대 쥐라기에서 백악기에 걸쳐 살았던 거대한 파충류를 가리킴
3. 하느님이나 부처님 같은 절대적 존재에게 바라는 것을 마음속으로 간절히 빎
5. 천국에서 인간 세계로 내려와 신과 인간의 중간에서 신의 뜻을 전하는 자 (반) 악마
6. 밑면이 둥근 기둥 형태를 말함
8. 소방서에서 불을 끄는 일을 하는 사람
10. 옛이야기에서 유래한 한자로 이루어진 말 (비) 사자성어
12. 아래위가 좁고 배가 부른 질그릇의 일종 (예) 고추장 ○○○
14. 전기의 힘으로 소리가 크게 들리게 하는 장치
    (예) 나는 ○○○를 잡고 힘차게 노래를 불렀다

▼ 세로 열쇠

1. 국가나 지방 공공 단체의 업무를 맡아보는 사람 (비) 공직자
2. 인간 사회가 거쳐 온 지난 과정. 또는 그 기록 (예) 우리나라는 유구한 ○○를 지녔다
4. 책이나 문서, 기록 등을 모아 보관하고 사람들이 열람하도록 개방해 놓은 시설
5. 벼락이나 번개가 칠 때 하늘이 요란하게 울리는 현상 (예) ○○소리에 잠이 깼다
7. 선박, 항공, 기차 등의 기관을 다루거나 조종하는 사람
    (예) 우리 아빠는 열차를 운전하는 ○○○이다
9. 배 속의 음식물이 발효되면서 항문으로 나오는 구린내 나는 가스
    (속) ○○ 뀐 놈이 성낸다
10. 줄기는 길게 뻗으며 덩이뿌리는 식이 섬유*가 풍부해 주로 간식으로 먹는 식물
11. 물고기를 기르는 데 사용하는 유리로 만든 항아리
13. 날이 샐 무렵부터 오전 반나절쯤까지의 동안 (비) 조조 (반) 저녁

식이 섬유 식품 중에서 채소·과일·해조류 등에 많이 들어 있는 섬유질

초등교과 가로세로 낱말퍼즐

▶▶▶ 가로 열쇠

1. 서로 입을 맞추는 일 [비] 뽀뽀
2. 남을 조롱하는 일
4. 학교에서 일정 기간 동안 수업을 쉬는 일. 또는 그 기간 [예] 겨울 〇〇
5. 양식을 먹을 때 쓰는 작은 칼
6. 상한 음식을 먹고 갑자기 배가 아프거나 설사, 구토 등의 증상이 나타남
9. 산에 무덤이 있는 곳 [예] 명절에 〇〇를 찾아가 성묘를 했다
11. 마음속에 숨기고 있던 것을 말함 [비] 자백 [반] 은폐
13. 어린이를 위해 동심을 바탕으로 지은 이야기를 담은 책
15. 우리나라 최대의 해양 도시이자 서울 다음으로 큰 도시의 기차역
16. 한 집안의 첫 번째 아들 [비] 큰아들 [반] 장녀

▼▼▼ 세로 열쇠

1. 입학할 때 신입생을 모아 놓고 하는 행사 [반] 졸업식
2. 구경하거나 놀기 위해 여러 가지 시설을 갖추어 놓은 곳 [예] 에버랜드
3. 혈관과 조직을 연결해 세균을 막고 보호하는 무색의 액체 [비] 임파
7. 한 나라가 정치적으로 완전한 주권*을 행사하기 위해 벌이는 운동
   [예] 삼일절, 유관순
8. TV나 신문 등을 이용해 세상에 널리 알림 [예] 〇〇 모델
10. 어떤 일이 꼭 이루어지기를 바람 [비] 소망
12. 우리나라에서 제일 높은 산 [예] 동해물과 〇〇〇이 마르고 닳도록
14. 책을 넣어 두는 장롱 [비] 서가

[주권] 국가의 의사를 최종적으로 결정하는 권력

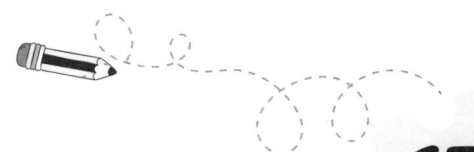

초등교과 가로세로 낱말퍼즐

	1				2	3
4				5		
	6		7			
8					9	10
11	12					
			13		14	
15					16	

→ 정답 120쪽

▶▶▶ 가로 열쇠

1. 병들거나 아파서 치료를 받는 사람 비 병자
3. 사람이나 사물을 높여 부르는 말 비 존댓말 반 반말
5. 부모를 여의고 혼자 남은 아이 예 ○○원
6. 형제 중에서 나이가 어린 사람 비 동생 반 형, 언니
7. 시간이나 물건 따위를 아끼지 않고 함부로 씀 반 절약
8. 한 배에서 한꺼번에 나온 둘 이상의 아이 비 쌍생아
11. 신화나 전설에서 발전해 옛날부터 전해 내려오는 이야기 비 옛날이야기
13. 미합중국의 준말. 북아메리카에 있는 연방 공화국* 예 수도는 워싱턴
14. 소금을 만들기 위해 바닷물을 끌어들여 논처럼 만든 곳
    예 소금이 유명한 신안에는 ○○이 많다

▼ 세로 열쇠

2. 매우 인색한 사람을 낮잡아 부르는 말 예 구두쇠
4. 군주 국가에서 나라를 다스리는 최고 통치자 비 국왕, 군주, 왕
6. 나이가 어린 사람
9. 몸을 움직여 일을 함 반 휴식
10. 다른 나라 사람 반 내국인
11. 전투에서 싸우다가 죽음
12. 불에서 일어나는 붉은 빛의 기운 비 불꽃

연방 공화국 자치권을 가진 여러 나라가 연합해 주권이 국민에게 있는 공화 정치를 하는 국가

초등교과 가로세로 낱말퍼즐

1	2		3	4		
	5				6	
7			8			
		9				10
11			12		13	
			14			

➡ 정답 120쪽

▶▶ 가로 열쇠

1. 지능을 나타내는 수치 〔비〕 지능 지수
3. 들이나 길가에 나는 풀 〔예〕 ○○밭
5. '잘한다, 좋다, 신난다' 등의 뜻으로 외치는 소리 〔비〕 파이팅
7. 남의 비위를 맞추어 알랑거리는 일 〔비〕 아첨
8. 작고 동글동글한 돌 〔예〕 강가에 가면 매끈매끈한 ○○○이 많다
9. 북한의 대표적인 사냥개로 천연기념물이기도 함
12. 아픈 사람들을 치료해 주는 일을 직업으로 하는 사람
14. 전염성을 가진 병 〔비〕 돌림병
16. 바라는 대로 되지 않아 미워하고 분하게 여기는 마음
17. 사람과의 관계에서 지켜야 할 바른 도리 〔예〕 ○○에 살고 ○○에 죽는다

▼ 세로 열쇠

1. 싱싱한 과일이나 채소를 먹을 때 나는 소리 〔예〕 오이를 ○○○○ 먹고 있다
2. 영어로 정육면체를 뜻하는 퍼즐 게임 〔영〕 cube
4. 걸어 다닐 수 있게 드문드문 놓은 평평한 돌
6. 웃거나 말할 때 볼에 오목하게 들어가는 자국
   〔예〕 내 친구는 웃을 때 ○○○가 들어간다
10. 깊은 산속에 저절로 나서 자란 삼 〔예〕 심마니가 ○○을 캤다
11. 사람이나 동물의 입 주변이나 턱에 난 털
13. 어느 지방에서만 쓰는 표준어가 아닌 말 〔비〕 방언
15. 아픈 사람이나 부상자를 진찰하고 치료하는 곳 〔예〕 종합 ○○

초등교과 가로세로 낱말퍼즐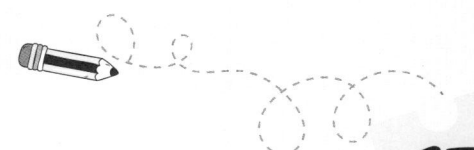

→ 정답 120쪽

가로 열쇠

1. 남북으로 분단된 대한민국의 휴전선 북쪽 지역 예 평양
5. 숨은 사람을 찾아내는 아이들의 놀이 예 꼭꼭 숨어라, 머리카락 보인다
8. 얼굴이나 몸에 점이 있는 사람 또는 짐승
11. 사람의 성격, 용모, 태도 따위의 특징을 따서 남들이 부르는 다른 이름 반 본명
13. 토끼의 간을 구하기 위해 토끼를 바닷속 용궁으로 잡아 오는 자라의 이야기
16. 머리와 몸은 대체로 희며 물갈퀴로 헤엄을 치는 바닷새 예 부산 ○○○

세로 열쇠

2. 근심이나 서러움이 있을 때 길게 몰아서 쉬는 숨 예 땅이 꺼져라 ○○을 쉰다
3. 딱딱하지 않은 무른 물체의 겉 부분을 싸고 있는 물질 예 수박 ○○, 사과 ○○
4. 도토리를 좋아하고 등에 다섯 개의 검은 선이 있으며 꼬리가 긴 동물
   속 ○○○ 쳇바퀴 돌듯
6. 각을 이루고 있는 두 직선이 만나는 꼭지 모양의 점
7. 하늘에서 떨어지는 '유성'을 일반적으로 부르는 말
9. 서로 떨어져 헤어짐 비 작별 반 상봉
10. 논이나 밭에 곡류 등을 심거나 재배하는 일을 하는 사람 비 농민
12. 병을 잘 고치는 이름난 의사 예 조선 시대 허준은 뛰어난 ○○였다
14. 다섯 손가락을 오므려 쥔 손 예 나는 두 ○○을 불끈 쥐었다
15. 몸은 짧은 머리가슴*과 좁고 긴 배로 나뉘는데, 꼬리 끝에 독침이 있는 절지동물

 머리가슴 머리와 가슴 부분이 구별 없이 하나로 합쳐진 부분

초등교과 가로세로 낱말퍼즐

➔ 정답 120쪽

▶▶▶ 가로 열쇠

1. 동물, 식물, 세균 따위에 기생하며 혼자서 증식*이 불가능해 세포 간에 감염을 통해 증식함 예 코로나 ○○○○
6. 아버지와 아들
8. 미용을 목적으로 머리카락을 자르는 일
10. 기존의 기록보다 뛰어난 새로운 기록 예 그녀는 수영에서 세계 ○○○을 세웠다
11. 감나무의 열매로 맛이 달고 단단함
14. 그리스의 우화 작가 이솝이 동물을 주인공으로 도덕과 교훈을 풍자적으로 표현한 이야기 예 개미와 베짱이

▼▼▼ 세로 열쇠

2. 남에게 돈을 빌려준 대가로 얻은 돈 예 원금과 ○○
3. 광고 또는 어떤 표지로 붙이는 풀칠되어 있는 종이 표 예 나는 ○○○북 놀이가 재미 있다
4. 가장 잘하는 재주 비 특기
5. 스승을 아버지처럼 높여 부르는 말 예 태권도 ○○님은 엄하시다
7. 자신이 무엇이든 할 수 있다고 여기는 마음 예 내 친구는 항상 ○○○이 넘친다
9. 공연히 조그마한 흠을 들추어 불평하는 일
11. 너무 친해서 항상 같이 있는 친구를 가리킴 비 짝꿍
12. 운동할 때 신기에 적합하도록 만든 신발 예 오늘은 ○○○를 신고 달리기를 했다
13. 입으로 불어 높고 낮은 음을 내는 목관 악기

  증식 생물이나 조직 세포 등이 세포 분열을 해 그 수를 늘려 감. 또는 그런 현상

초등교과 가로세로 낱말퍼즐 19

	1	2		3		4
5						
6	7			8	9	
	10					
11				12		13
	14					

➡ 정답 121쪽

가로 열쇠

1. 처음으로 느끼는 사랑
2. 아이들이 가지고 노는 여러 가지 물건 예 엄마에게 ○○○을 사 달라고 떼를 썼다
5. 무로 담근 일본식 짠지. 달고 짭짤함
7. 길이나 자리, 물건 따위를 사양해 남에게 미루어 줌 예 할머니에게 자리를 ○○했다
8. 질그릇과 사기그릇 따위의 그릇 예 뜨거운 가마니에서 ○○○를 굽다
10. 버스나 열차가 일정하게 멈추는 장소. 승객이 타고 내리는 곳
    예 ○○○에서 버스를 기다렸다
13. 아내의 어머니를 부르는 말 반 장인

세로 열쇠

1. 그해 겨울 처음으로 오는 눈 예 올겨울 ○○이 내렸다
3. 죄인을 감시하기 위해 가두는 곳 비 감방, 형무소, 교도소
4. 사람이 횡단해 걸어 다닐 수 있도록 만든 길
6. '한글'의 본래 이름. 1443년 세종대왕이 집현전 학자들과 함께 만든 우리나라 글자
9. 언니와 여동생. 여자 형제를 말함
11. 국악에서 쓰는 타악기의 일종. 가늘고 잘록한 가죽 통에 줄을 달아 왼쪽은 손이나 궁굴채*로 치고, 오른쪽은 가느다란 채로 침 속 서투른 무당이 ○○만 나무란다
12. 아버지의 누이를 부르는 말

궁굴채 장구를 칠 때에 왼손에 쥐고 장단을 치는 채. 곧은 대나무 뿌리 막대기에 박달나무를 동그랗게 깎아 끼워서 만듦

초등교과 가로세로 낱말퍼즐

1					2		3
			4				
			5				
6		7					
			8	9			
10		11					12
						13	

→ 정답 121쪽

Chapter 02 문해력 쏙쏙 고사성어

다다익선
多多益善
많을다 / 많을다 / 더할익 / 착할선

많으면 많을수록 더욱 좋다
어려운 일은 많은 사람이 힘을 합칠수록, 좋은 일은 많을수록 좋다는 말이에요.

대기만성
大器晚成
클대 / 그릇기 / 늦을만 / 이룰성

큰 그릇은 늦게 이루어진다
크게 될 사람은 많은 노력과 충분한 시간이 필요해 늦게 뜻을 이룬다는 말이에요.

동고동락
同苦同樂
한가지동 / 쓸고 / 한가지동 / 즐길락

괴로움과 즐거움을 함께한다
오랜 시간 함께한 사람들이 같이 고생하고 같이 즐거움을 나눈다는 뜻이에요.

동변상련
同病相憐
한가지동 / 병병 / 서로상 / 불쌍히여길련

똑같은 병을 앓고 있는 사람들이 서로를 불쌍히 여긴다
어려운 상황에 있는 사람들끼리 서로 가엾게 여겨 돕는 것을 가리키는 말이에요.

동상이몽
同床異夢
한가지동 / 평상상 / 다를이 / 꿈몽

한 자리에 누워서 잠을 자도 다른 꿈을 꾼다
겉으로는 같이 행동하는 것처럼 보이지만 진짜 속으로는 서로 다른 마음을 갖고 있다는 뜻이에요.

마이동풍
馬耳東風
말**마** / 귀**이** / 동녘**동** / 바람**풍**

말의 귀에 부는 동풍
다른 사람의 말이나 충고를 귀 기울이지 않고 흘려 버리거나 무시하는 일을 가리켜요.

명실상부
名實相符
이름**명** / 열매**실** / 서로**상** / 부호**부**

이름과 실제 상황이 서로 같다
사람들에게 알려진 대로 겉과 속이 딱 맞아떨어져 실제 능력도 뛰어나다는 말이에요.

명약관화
明若觀火
밝을**명** / 같을**약** / 볼**관** / 불**화**

밝기가 불을 보는 것과 같다
어떤 일이나 상황이 불을 보듯 뻔하다는 뜻으로 의심할 여지없이 매우 분명함을 강조할 때 쓰는 말이에요.

무용지물
無用之物
없을**무** / 쓸**용** / 갈**지** / 물건**물**

쓸모없는 물건이나 쓸데없는 사람
아무 소용이 없는 물건이나 쓸 만한 능력이 없는 사람을 표현할 때 쓰는 말이에요.

문전성시
門前成市
문**문** / 앞**전** / 이룰**성** / 시장**시**

대문 앞이 시장을 이루다
문 앞에 시장을 이룰 만큼 사람들이 많이 찾아간다는 뜻이에요.

▶▶▶ 가로 열쇠

1. 일반적으로 뉴스, 방송, 넓게는 극장, 경기장 등에서 안내 방송을 하는 사람
3. 일정한 지방이나 지역 (예) 충북 제천은 사과가 유명한 ○○이다
5. 음악을 연주해 사람들이 감상하게 하는 모임 (예) 아이돌 ○○○를 보러 갔다
8. 경쟁에서 서로 겨루는 상대 (비) 경쟁자, 맞수
9. 전통적으로 식물성 섬유로 만들어 주로 글을 쓰거나 인쇄를 하는 데 쓰임 (예) ○○학
10. 동네 가운데의 좁은 길 (예) ○○대장, ○○길
13. 사람의 말소리를 잘 흉내 내는 새
15. 물건이 바닥에 몹시 요란하게 떨어지거나 부딪힐 때 나는 소리

▼ 세로 열쇠

2. 우리나라의 수도 이름 (속) ○○ 가서 김 서방 찾기
4. 장사 수완*이 아주 좋은 사람 (비) 장사치
5. 객실 단위로 분양해 사용하지 않는 기간에는 임대료를 받는 새로운 형태의 호텔
6. 강철 막대를 정삼각형으로 구부려 한쪽 끝을 실로 매달고 막대로 두들기는 타악기
7. 육지와 바다 사이에서 하루에 두 번씩 모습을 드러내는 바닷가의 땅 (예) ○○에서 조개를 줍다
11. 목욕할 수 있도록 마련해 놓은 시설
12. 바다의 강도
14. 몸은 딱지로 덮여 있고 머리, 가슴, 배로 나뉘어 있는 절지동물 (속) 고래 싸움에 ○○ 등 터진다

수완 일을 꾸미거나 치러 나가는 재간

초등교과 가로세로 낱말퍼즐

1			2		3	4
5		6		7		
		8				
	9				10	11
12		13		14		
				15		

➡ 정답 121쪽

▶▶ 가로 열쇠

1. 크게 불어닥치는 폭풍 [예] ○○이 우리나라를 강타했다
3. 두 사람이 링 위에서 글러브를 낀 주먹으로 서로 겨루는 운동 경기 [비] 권투
5. 국가 사회의 공공질서와 안녕을 보장하고, 국민의 안전과 재산을 보호하는 일을 하는 조직
9. 흙이 풀려 몹시 흐려진 물 [예] 비 오는 날 ○○○에 빠졌다
10. 여러 사람이 함께 지르는 고함 소리
11. 야생 동물이 많이 살고 식물들이 빽빽히 들어선 숲 [비] 밀림
12. 덜 익은 어린 호박 [예] 엄마가 ○○○을 넣고 된장찌개를 끓여 주셨다
14. 대학에서 학문을 가르치고 연구하는 사람
16. 씨름과 비슷한 서양식 격투 경기

▼▼ 세로 열쇠

2. 산이나 들, 강, 바다 따위의 자연 경치 [예] ○○화
4. 눈과 입을 슬며시 움직이며 소리 없이 환하게 웃는 모양
   [예] 태현이는 항상 ○○○○ 웃는다
6. 끈기가 있어 차진 흙 [비] 점토
7. 눈에 있는 눈물샘에서 나오는 물 [예] 슬픈 영화를 보면 ○○이 난다
8. 자신의 을 알리기 위해 이름 등을 새겨 넣은 종이
   [예] 나는 그와 서로 ○○을 주고 받았다
12. 알에서 나온 후 아직 다 자라지 않은 벌레 [반] 성충
13. 가래떡을 얇게 썰어 끓인 음식 [예] 설날에 ○○을 먹었다
15. 모양은 크고 둥글며 속살은 붉고 달아 주.로 여름에 시원하게 먹는 과일
   [속] ○○ 겉 핥기

[신상] 한 사람의 몸이나 처신, 또는 그의 주변에 관한 일이나 형편

초등교과 가로세로 낱말퍼즐 22

1	2				3	4
	5	6		7		
8		9				
10					11	
		12				
13					14	15
		16				

→ 정답 121쪽

▶▶ 가로 열쇠

1. 코 위 또는 이마에 한두 개의 뿔이 있는, 소와 비슷한 동물
4. 과일이나 야채에서 짜낸 액즙 예 과일 ○○
5. 군대를 통수*하는 우두머리 비 장관
6. 자연히 잘게 부스러진 돌의 부스러기 예 ○○성, ○○밭
7. 그리스도교를 믿고 따르는 신자들의 모임 예 성당
10. 사람을 부르는 데 쓰이는 작은 종이나 방울 예 문 앞에서 ○○○을 눌렀다
13. 동물이나 사람의 모습을 하고 비상한 힘과 괴상한 재주를 지닌 귀신
    예 ○○○방망이
14. 오늘의 하루 전날을 가리킴 반 내일

▼ 세로 열쇠

1. 여름부터 가을까지 피며 흰색, 분홍색, 자주색 따위의 꽃이 가지 끝에 한 개씩 핌
2. 음식의 간을 맞추는 데 쓰며 짠맛이 나는 결정체
3. 튀긴 춘장과 야채, 고기 등을 볶아서 면에 비벼 먹는 한국식 중화요리
8. 어린아이를 벌주려고 때리거나 말과 소를 부릴 때 쓰는 가는 나뭇가지
    예 종아리를 ○○○로 때리다
9. 발로 차거나 주먹으로 치는 우리나라의 대표적인 무술
11. 사용량이나 배출량에 따라 요금이 매겨지는 제도 예 쓰레기 ○○○ 봉투
12. 소금에 약간 절여 통째로 말린 조기 예 영광 ○○

 통수 무리를 거느려 다스림

초등교과 가로세로 낱말퍼즐

	1		2		3	
4					5	
	6					
			7	8		
9				10		11
		12				
13					14	

➡ 정답 121쪽

▶▶ 가로 열쇠

1. 남의 좋은 일에 대해 큰 기쁨이 있기를 빌어 주는 인사 [예]생일 ○○해
3. 거미가 뽑아내는 가는 줄 [예]파리가 ○○○에 걸렸다
5. 힘든 일을 서로 거들어 주고 갚는 일
8. 남을 골리기 좋아하거나 남이 잘못되는 것을 좋아하는 마음 [비]심통
9. 영상과 소리를 전파를 통해 받아서 재현하는 장치
10. 몸이 오슬오슬 춥고 기운이 없으며 열이나 기침, 콧물이 나는 증상 [비]고뿔
11. 주기적인 수축*으로 혈액을 몸 전체로 보내는 인체에서 가장 중심이 되는 내장 기관
    [예]아기의 ○○ 소리가 들린다
15. 호랑이, 돌고래 따위의 동물을 길들여 재주를 가르치고 훈련시키는 사람
16. 청주를 떠내지 않고 그대로 걸러 짠 술. 빛깔은 흐리고 맛은 텁텁함 [비]탁주

▼▼ 세로 열쇠

2. 고단하거나 심심하거나 졸릴 때 저절로 입이 벌어지면서 나오는 깊은 호흡
   [예]동생은 졸린지 자꾸 ○○을 했다
4. 여러 사람이 편을 갈라서 굵은 밧줄을 마주 잡고 당기며 승부를 가르는 놀이
6. 마음에서 마음으로 전해져 서로 뜻이 통함
7. 규모가 큰 서양식 여관
12. 몸이 순백색이고 다리가 검은 물새 [비]고니 [예]○○의 호수
13. 상대방에게 자기를 소개하거나 안부를 물을 때 하는 예절
14. 음식을 일정한 조리 방법으로 만든 것 [예]○○ 솜씨가 뛰어나다

수축 근육 따위가 오그라듦

초등교과 가로세로 낱말퍼즐

1	2				3		4	
	5		6					
7			8					
9						10		
			11					
12		13					14	
15				16				

➔ 정답 121쪽

▶▶▶ 가로 열쇠

1. 학문이나 기술을 배우고 익힘 [비] 학습
3. 페달을 밟으면 저절로 굴러가는 탈것 [예] 동생과 함께 공원에서 ○○○를 탔다
6. 더 낫고 못함의 차이가 거의 없이 비슷함 [비] 난형난제
10. 학업과 품행이 본받을 만한 학생
11. 땅속이나 썩은 나무속에 집을 짓고 집단적 사회생활을 하는 곤충
13. 사진을 찍는 기계 [비] 사진기, 촬영기
15. 풍성한 수확을 거둔 해 [반] 흉년

▼▼▼ 세로 열쇠

2. 아궁이위에 솥이 걸린 언저리 [속] 얌전한 고양이가 ○○○에 먼저 올라간다
4. 남에게 구걸해 얻어먹는 사람 [비] 비렁뱅이, 걸인
5. 온통 모래로 아득하게 뒤덮인 땅 [예] ○○ 여우
7. 사람의 몸에서 허리부터 위의 절반을 가리킴 [비] 상체 [반] 하반신
8. 입에 대고 숨을 불거나 빨아들여서 소리를 내는 악기
9. 비가 그친 뒤, 태양의 반대 방향에 반원형으로 나타나는 일곱 가지 색의 빛줄기
   [예] 일곱 색깔 ○○○
12. 솔솔 부는 약한 바람 [반] 강풍
14. 무르게 삶은 콩을 찧고 뭉쳐서 띄워 말린 것. 간장, 된장, 고추장의 원료
    [속] 팥으로 ○○를 쑨대도 곧이듣는다

아궁이 방이나 솥 따위에 불을 때기 위해 만든 구멍

25

초등교과 가로세로 낱말퍼즐

➡ 정답 122쪽

가로 열쇠

1. 저승에서 지옥으로 떨어지는 사람이 지은 생전의 선악을 심판하는 왕
3. 이틀 이상 계속되는 휴일 예 추석 ○○
4. 정답게 이야기하는 모습 예 부부가 ○○○○ 이야기를 나눈다
7. 몸집이 크고 날개는 있지만 날지 못하는 새
8. 손으로 흔들어 바람을 일으키는 간단한 기구 예 여름에 ○○를 부치면 시원하다
10. 집이나 산 등 높은 사물의 저쪽을 뜻함 예 창문 ○○로 보이는 나무
12. 육상 경기나 스키에서 멀리 도약*하는 종목
14. 조선 시대에 백성이 억울함을 알리기 위해 치던 북

세로 열쇠

2. 방송국에서 보낸 전파를 수신해 음성으로 바꿔 주는 기계 장치
   예 ○○○로 음악을 듣다
3. 흑연으로 심을 넣어 만든 필기도구
5. 콩을 갈아 눌러서 굳히지 않은 두부 예 점심시간에 ○○○찌개를 먹었다
6. 돼지 창자 속에 쌀, 두부, 숙주나물 등을 넣고 삶은 음식
   예 떡볶이는 ○○와 같이 먹어야 맛있다
7. 과거나 미래로 시간 여행을 떠나게 한다는 공상의 기계
9. 점수를 매겨 우열*을 가려냄 예 선생님이 답안지를 ○○하다
11. 가장 으뜸이 되는 것 반 최저
13. 전문가를 뜻하는 말 예 ○○ 야구 반 아마추어

도약 몸을 위로 솟구치는 일
우열 나음과 못함

초등교과 가로세로 낱말퍼즐

		1	2			
3						
			4	5		6
	7					
				8	9	
10			11		12	13
	14					

➡ 정답 122쪽

가로 열쇠

2. 여름에 더위가 한창일 때 정해진 기간 동안 학교 공부를 쉬는 일 반 겨울 방학
4. 몸에 지니는 작은 수건
5. 짜고 특유한 맛이 있는 흑갈색 액체. 음식의 간을 맞출 때 사용함
7. 소의 코뚜레*나 말의 재갈*에 잡아매어 몰거나 부릴 때 끄는 줄 속 ○○ 풀린 망아지
9. 수와 도형, 산수, 대수학 따위의 학문을 통틀어 부르는 말
11. 오랫동안 자꾸 반복해 몸에 익어 버린 행동 비 습관
12. 윗옷과 아래옷이 붙어서 한 벌로 된 치마 예 오늘은 ○○○를 입고 학교에 갔다
13. 더럽거나 어지러운 것을 깨끗하게 쓸고 닦는 일 예 내 방을 깨끗이 ○○했다

세로 열쇠

1. 대부분 규모가 큰 모래 해변에 해수욕을 할 수 있는 시설이 되어 있는 곳
3. 방아를 놓고 곡식을 빻아 가루로 내는 곳 비 정미소 속 참새가 ○○○을 그냥 지나랴
6. 하늘소과에 속하는 몸집이 큰 딱정벌레. 천연기념물 제218호임
7. 고속도로를 이용해 빠른 속도로 운행하는 버스
8. 군사를 지휘 통솔하는 장군
10. 학교 설립 조건을 갖추지 않은 사립 교육 기관 예 미술 ○○, 영어 ○○

★
 소의 코청(두 콧구멍 사이를 막고 있는 얇은 막)을 꿰뚫어 끼는 나무 고리
 말을 부리기 위해 아가리에 가로 물리는 가느다란 막대

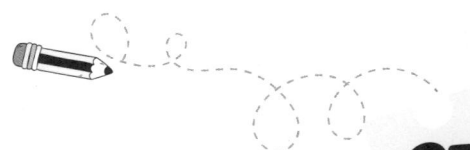

초등교과 가로세로 낱말퍼즐

27

➜ 정답 122쪽

▶▶▶ 가로 열쇠

1. 종기가 덧나서 생기는 희고 누런 액체 [비] 농, 농액
2. 조마조마해 마음을 졸임 [비] 안달
4. 스웨덴 발명가인 노벨의 유언에 따라 인류 문명 발달에 기여한 사람에게 수여하는 세계에서 가장 권위 있는 상
5. 사람과 아이큐가 비슷하고 이가 있으며 인간과 친숙한 바다의 포유동물
   [예] 남방큰○○○, 양쯔강○○○
8. 바닷속에서 살며 몸은 편평하고 별 모양 또는 오각형을 한 극피동물*
10. 머리가 아픈 증세
11. 남을 초청해 대접함 [예] 생일날 친구를 우리 집에 ○○했다
12. 고기, 나물 따위를 넣고 고추장에 비벼 먹는 음식

▼ 세로 열쇠

1. 선사 시대 유적으로 납작한 돌을 양쪽에 세우고 널찍한 돌 한 장을 얹은 분묘
2. 자기 세대 이전의 모든 세대를 통틀어 부르는 말 [반] 자손
3. 심심함을 잊으려고 하는 일
4. 가사에 곡조를 붙여 소리 내어 부름 [비] 가요
6. 성격이 고집스럽고 융통성*이 없는 사람 [비] 옹고집
7. 강, 개천 또는 언덕과 언덕 사이에 통행할 수 있게 걸쳐 놓은 시설 [비] 교량, 가교
9. 겉으로는 비슷하지만 속은 완전히 다름 [반] 정통 [예] 그는 ○○○ 종교에 빠졌다
10. 패거리의 우두머리를 말함 [비] 두령 [예] 깡패 ○○을 잡았다
11. 저민 생선, 조개 따위를 초와 소금을 친 밥에 얹어 먹는 일본 요리의 하나
    [예] 유부 ○○

☆
극피동물 겉몸에 석회질의 가시가 돋친 껍질을 가진 동물
융통성 일의 형편에 따라 적절하게 처리하는 재주

초등교과 가로세로 낱말퍼즐

➡ 정답 122쪽

▶▶▶ 가로 열쇠

1. 흙과 땅을 말함
3. 교실에서 옆자리에 앉거나 항상 붙어 다니는 친구 예 멋진 친구가 ○○이 되었다
4. 길고 큰 잎이 나며 둥글고 길쭉한 열매에는 노란 낱알이 여러 줄로 촘촘히 박혀 있음
6. 금요일의 다음 날
11. 고객의 편의를 위해 다양한 물건을 24시간 파는 가게 예 ○○○에 들러 라면을 샀다
14. 몸짓이나 손짓으로 말을 대신하는 의사 전달 방식
    예 말이 아닌 ○○로 의사 표현을 했다
16. 땅속에 사는 쥐와 비슷한 동물

▼▼▼ 세로 열쇠

1. 붉은 열매를 맺는 식물로 주로 케첩의 재료가 됨 예 ○○○ 케첩
2. 우리나라 고유의 양식으로 지은 집 반 양옥
3. 2, 4, 6, 8, 10 따위의 수를 가리킴 반 홀수
5. 스포츠나 놀이로 물속을 헤엄치는 일 비 헤엄
7. 사람의 모습을 한 젊고 아름다운 마녀로 서양 전설이나 동화에 많이 나오는 등장인물 예 「피터 팬」에 나오는 팅커벨
8. 학교를 상징하는 노래식 예  교훈, 교화, ○○
9. 반죽한 멥쌀가루에 콩이나 팥을 넣고 예쁘게 빚어 솔잎을 깔고 찐 떡
    예 추석에 맛있는 ○○을 먹었다
10. 육상 종목에서 거리가 가장 긴 달리기 종목 예 42.195km
12. 성적을 나타내는 숫자 예 오늘 시험 ○○가 나왔다
13. 밀가루를 반죽해 여러 가지 재료를 다져 넣어 쪄서 먹는 음식 비 교자
15. 말을 잘하는 기술 비 말재주, 말솜씨

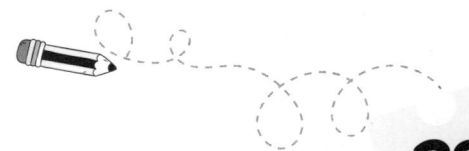

초등교과 가로세로 낱말퍼즐

1			2		3	
			4	5		
6	7					8
			9			
10			11		12	
		13			14	15
		16				

→ 정답 122쪽

가로 열쇠

3. 개의 어린 새끼
5. 여름에 노랗고 둥글넓적한 큰 꽃이 피는 식물. 씨는 먹거나 기름을 짜기도 함 영 sunflower
7. 아랫도리에 입는 옷
8. 흙 속이나 호수, 하천 등에 널리 분포되어 있으며, 몸은 보통 길쭉한 기둥 모양으로 많은 마디로 이루어진 동물 예 낚시 미끼로 ○○○를 사용했다
11. 주로 결혼식 때 신부가 손에 드는 작은 꽃다발
13. 아주 세차게 부는 바람 반 약풍, 미풍
14. 사람이 아닌 동물을 통틀어 부르는 말

세로 열쇠

1. 새로 시작하는 해 비 신년 예 ○○ 복 많이 받으세요
2. 카페인 성분을 함유하고 있으며 독특한 맛의 검은색 청량음료 예 코카○○
4. 자기를 낳아 준 부모 중 남자를 부르는 말 비 부친 반 어머니
6. 물을 푸거나 물건을 담는 그릇 예 약수터에서 ○○○로 물을 마셨다
9. 이사할 때 옮기는 여러 가지 가재도구나 짐을 가리킴
10. 동력을 이용해 사람이나 물건을 싣고 오르내리는 기계 비 엘리베이터
12. 밀가루, 달걀, 우유, 버터, 설탕 등을 주재료로 삼아 만든 빵 영 cake
15. 사람이 말을 타고 여러 가지 동작을 하는 스포츠 경기

가재도구 집안 살림에 쓰는 여러 물건

초등교과 가로세로 낱말퍼즐

Chapter 03 문해력 쑥쑥 고사성어

박장대소
拍掌大笑
칠**박** / 손바닥**장** / 클**대** / 웃을**소**

손바닥을 치며 크게 웃는다
웃음이 나오면 나도 모르게 손바닥을 치면서 웃는 모습을 비유적으로 표현한 말이에요.

박학다식
博學多識
넓을**박** / 배울**학** / 많을**다** / 알**식**

학문이 넓고 아는 것이 많다
학문 또는 지식이 풍부한 사람을 가리킬 때 쓰는 말이에요.

반포지효
反哺之孝
되돌릴**반** / 먹을**포** / 갈**지** / 효도**효**

까마귀 새끼가 자라서 어미에게 먹이를 먹여 주는 효성
까마귀 새끼와 어미처럼 자식이 자라서 늙은 부모님을 보살피고 효도를 다한다는 말이에요.

백골난망
白骨難忘
흰**백** / 뼈**골** / 어려울**난** / 잊을**망**

죽어서 하얀 뼈만 남아도 잊을 수 없다
남에게 큰 은혜나 덕을 입었을 때 고마움을 표시하는 말이에요.

분골쇄신
粉骨碎身
가루**분** / 뼈**골** / 부술**쇄** / 몸**신**

뼈가 가루가 되고 몸이 부서지다
몸이 부서지고 뼈가 가루가 될 정도로 최선을 다해 노력한다는 뜻이에요.

사면초가
四面楚歌
넉**사** / 낯**면** / 초나라**초** / 노래**가**

사방에서 들리는 초나라의 노래

한나라 군대에서 초나라의 노랫소리가 들린다는 뜻으로 몹시 어려운 일을 당해 곤란한 상황을 말해요.

살신성인
殺身成仁
죽일**살** / 몸**신** / 이룰**성** / 어질**인**

자신의 몸을 희생해 어진 일을 이루다

어려운 상황에서 나보다 남을 먼저 생각해 좋은 일을 한다는 말이에요.

새옹지마
塞翁之馬
변방**새** / 늙은이**옹** / 갈**지** / 말**마**

변방에 사는 노인의 말

인생을 살다 보면 좋은 일과 나쁜 일은 항상 바뀌기 마련이므로 미리 예측하지 말라는 뜻이에요.

소탐대실
小貪大失
작을**소** / 탐낼**탐** / 큰**대** / 잃을**실**

작은 것을 탐내다가 큰 것을 잃는다

눈앞에 보이는 작은 이익을 위해 욕심을 부리면 더 큰 손해를 본다는 뜻이에요.

십시일반
十匙一飯
열**십** / 숟가락**시** / 한**일** / 밥**반**

열 사람이 한 숟가락씩 나누어 주면 한 사람이 먹을 수 있는 밥이 된다

부족한 상황에서도 여러 사람이 조금씩 힘을 합치면 한 사람을 돕기 쉽다는 뜻이에요.

⟫ 가로 열쇠

1. 하느님이 직접 다스린다는 나라 [비]천당, 하늘나라 [반]지옥
3. 꼬리와 다리가 짧고 귓바퀴가 둥글며 쥐와 비슷한 애완동물
5. 단체를 구성하는 일원 [비]회원
7. 키나 몸집이 유난히 큰 사람. 또는 품성, 재능 등이 뛰어난 인물 [비]위인
9. 학생들의 통학 편의를 위해 운영하는 버스
10. 아버지의 형제 [비]숙부, 작은아버지
12. 텔레비전 등에서 방송되는 연속극을 말함 [예]주말 ○○○, 일일 ○○○
14. 주로 사춘기 때 얼굴에 생기는 작은 종기

⋁ 세로 열쇠

2. 한 나라의 역사와 국민성을 상징하는 깃발 [예]우리나라의 태극기, 미국의 성조기
3. 고기 스테이크와 야채 따위를 둥근 빵 사이에 끼워 먹는 서양식 음식
   [예]나는 고기가 들어 있는 ○○○를 좋아한다
4. 산이나 바다, 강의 밑을 뚫어 만든 철도나 도로 따위의 통로
6. 잠잘 때 하는 버릇이나 행동 [예]내 동생은 ○○○이 나쁘다
8. 뿌리가 사람의 모습을 한 삼이라 붙여진 이름
9. 고기, 과일 등 식료품을 양철통에 넣고 밀봉해 오래 저장할 수 있도록 만든 식품
   [예]참치 ○○○
11. 추운 겨울 눈이나 비가 흘러내리다가 길게 얼어붙어 공중에 매달린 얼음
13. 말을 부려 마차나 수레를 모는 사람 [비]마정

31 초등교과 가로세로 낱말퍼즐

→ 정답 123쪽

▶▶▶ 가로 열쇠

1. 손으로 물건을 만들거나 요리를 잘하는 재주 [예] 우리 엄마는 요리 ○○가 참 좋다
2. 온갖 종류의 책을 모아 두고 누구나 볼 수 있도록 만든 방 [비] 도서관
4. 몸의 무게를 말함 [비] 몸무게
5. 녹말을 묻혀 튀긴 고기에 설탕을 넣어 졸인 즙을 부어 만든 중국 요리
7. 눈 위를 미끄러져 가도록 얇고 긴 기구를 신고 즐기는 스포츠
9. 물건을 쌓아 두고 보관하는 장소 [비] 곳간
11. 사물이나 어떤 현상을 주의해 자세히 살피는 행위
     [예] 현미경으로 자세히 ○○했다
14. 떡과 여러 가지 채소를 넣고 고추장으로 양념해 만든 음식
15. 밀가루나 메밀가루 등을 반죽해 가늘고 길게 뽑아 낸 음식 [비] 면
16. 돈을 맡기거나 빌려주는 곳 [예] ○○에 가서 돈을 찾았다

▼ 세로 열쇠

1. 설탕을 넣어 빙빙 도는 기계에 솜같이 부풀려 만든 과자
    [예] 하늘에 떠 있는 구름이 ○○○ 같다
3. 장사에서 값을 깎아 주거나 덤으로 더 주는 것을 말함
    [예] 중국집에서 군만두를 ○○○로 주었다
4. 몸을 단련시키고 운동 능력을 기르는 일 [예] 나는 ○○ 시간이 제일 좋다
6. 물속에 사는 여러 가지 동물을 길러 그 생태를 관람하거나 연구할 수 있도록 만든 곳
8. 키가 큰 사람을 부르는 별명 [반] 난쟁이
10. 살쾡이과로 송곳니가 특히 발달했고 쥐의 천적*인 동물 [속] ○○○ 목에 방울 달기
12. 찹쌀로 만든 찰진 떡
13. 약사가 약을 조제하거나 파는 곳

 천적 잡아먹는 동물을 잡아먹히는 동물에 상대해 이르는 말

초등교과 가로세로 낱말퍼즐

1				2	3	
		4				
5	6				7	8
			9	10		
	11	12				
13		14				
15					16	

➡ 정답 123쪽

가로 열쇠

1. 무엇이든지 물어보는 대로 박사처럼 척척 말하는 사람을 은유적으로 부르는 말
3. 일정한 기간을 정해서 쉬는 일 〔예〕여름○○
4. 몸은 검은 자주색에 푸른 무늬가 있는 게. 모래땅에 떼 지어 삶
5. 무섭거나 추울 때 피부에 좁쌀 같은 것이 돋아나는 현상
   〔예〕무서운 영화를 보다가 ○○이 돋았다
7. 하늘이 나쁜 사람에게 주는 벌 〔예〕그는 ○○을 받았다
9. 설거지할 때 그릇을 씻는 데 쓰는 물건
11. 일주일 중 목요일의 다음 날
13. 의사의 진료를 돕고 환자를 돌보는 사람 〔예〕○○○가 주사를 놓았다

세로 열쇠

1. 머리뼈 아래부터 엉덩이 부위까지 이어져 있는 뼈 〔비〕등골뼈
2. 역사, 민속, 과학, 예술 등에 관한 주요 자료들을 수집하고 보관하고 전시하는 곳
   〔예〕역사 ○○○
3. 잠시 머물러 쉴 수 있는 장소 〔예〕고속도로 ○○○
6. 어떤 사물에 대해 바로 말하지 않고 빗대어 말해 알아맞히는 놀이
8. 정해진 규약을 위반했을 때 벌로 내는 돈 〔반〕상금
10. 얼굴이 무척 예쁘고 아름다운 여자 〔비〕미인 〔반〕추녀
12. 요리를 전문으로 하는 사람

33 초등교과 가로세로 낱말퍼즐

1		2			3		
				4			
						5	
6			7	8			
9		10		11	12		
			13				

➜ 정답 123쪽

▶▶▶ 가로 열쇠

1. 갑자기 세차게 쏟아지다가 금방 그치는 비 [비]소낙비
3. 씨가 없고 둥글게 활처럼 구부러진 노란색의 열매 여러 개가 한 덩어리로 되어 있는 열대 과일 [예]원숭이는 ○○○를 좋아한다
4. 겁이 많은 사람 [비]겁보
5. 배우지 못해 아는 것이 없음 [반]유식
7. 자기보다 나은 사람을 시샘하고 시기해 미워하는 마음 [비]시기, 샘
10. 마음속의 감정 따위가 얼굴에 나타난 모양 [예]슬픈 ○○ 하지 말아요
12. 미국의 국기. 현재의 주를 상징하는 50개의 별과 독립 당시의 주를 상징하는 열세 줄이 그려진 깃발
14. 손으로 던지면 석류처럼 알알이 터지는 작은 폭탄
15. 논이나 밭에 살고 다른 동물에 붙어 피를 빨아먹는 동물
16. 가파르고 급한 낭떠러지 [비]벼랑

▼ 세로 열쇠

1. 바늘처럼 뾰족한 두 잎이 뭉쳐나는 나무 [비]솔
2. 기운을 잃고 겁에 질림 [비]질겁
3. 바늘로 옷을 만들거나 꿰매는 일 [예]할머니는 ○○○ 솜씨가 좋다
6. 먹는 물을 가리킴 [예]아리수는 우리가 먹는 ○○다
8. 선거를 하거나 본인의 의사를 결정할 때 투표용지에 표시해 표를 던짐 [예]우리 반 학급 회장은 ○○로 뽑았다
9. 어떤 부분을 특별히 강하게 주장하거나 두드러지게 함 [비]역설, 주장
11. 머리 위의 숫구멍이 있는 자리
12. 예수가 태어난 날을 성스러운 명절로 이르는 말 [비]크리스마스
13. 물보다 가볍고 불을 붙이면 잘 타는 성질로 동물성과 식물성이 있음 [비]석유

초등교과 가로세로 낱말퍼즐

→ 정답 123쪽

▶▶ 가로 열쇠

2. 돌이나 벽돌을 쌓아 만든 사각뿔 모양이며, 주로 왕이나 왕족의 무덤으로 이집트 등지에서 발견되는 건축물
4. 꽃을 파는 가게 (비)꽃집 (예)엄마랑 ○○에 가서 장미꽃을 샀다
5. 갑작스러운 집중 호우로 일어난 난리
7. 아들 중에 두 번째 아들을 뜻함 (반)차녀
11. 서로의 안부나 소식을 적어 보내는 종이 (비)서신, 서한
13. 죽을 고비를 여러 번 넘기고 살아났을 때 이르는 말
    (예)전투에서 ○○○○으로 살아남았다
15. 가까운 이웃에 살며 정이 들어 사촌처럼 친하게 지내는 사람들
    (예)그들은 나의 ○○○○이다

▼▼ 세로 열쇠

1. 불을 끄는 데 쓰는 기구 (예)건물마다 ○○○를 꼭 비치해야 한다
2. 몹시 슬프고 분통해 나는 눈물 (예)아들의 갑작스런 죽음에 ○○○이 났다
3. 연못가, 습지 등에 나는 풀로 독특한 맛과 향이 남
6. 방 안을 따뜻하게 해 주는 화로 따위의 기구
8. 결혼한 부부의 남자를 가리키는 말 (비)부군 (반)아내
9. 여자 동생을 일컫는 말 (반)남동생
10. 방이나 솥에 불을 때기 위해 만든 구멍 (예)아빠가 ○○○에 불을 때고 있다
12. 지구를 하나의 마을로 비유해 부르는 말 (예)세계는 하나의 ○○○으로 묶여 있다
14. 해가 떠오르는 것을 말함 (반)일몰

초등교과 가로세로 낱말퍼즐

1			2		3	
4						
			5	6		
	7	8				9
10		11	12			
			13		14	
15						

▶▶ 가로 열쇠

1. 개와 비슷하나 몸이 홀쭉하고 귀가 뾰족한 동물
3. 지구 표면의 상태를 일정한 비율로 줄여 약속된 기호로 평면에 나타낸 그림
   예 ○○를 보며 그곳을 찾아갔다
5. 산꼭대기의 뾰족한 부분 예 아빠와 함께 ○○○○에 올라갔다
9. 강에 흐르는 물 비 강수, 하수
11. 이를 닦는 데 쓰는 약품
13. 상점에서 옷과 액세서리 등을 입혀 놓은 사람 모형
14. 발레를 하는 여자 무용수 반 발레리노

▼▼ 세로 열쇠

2. 비를 맞지 않도록 쓰는 도구
4. 남의 것을 훔치거나 빼앗는 일. 또는 그런 일을 하는 사람 속 바늘 ○○이 소 ○○ 된다
6. 국가나 사회 또는 남을 위해 무언가를 바라지 않고 몸과 마음을 다하는 것
   예 자원○○
7. 여자들이 손을 잡고 원을 그리며 빙빙 돌면서 추는 민속춤
8. 무, 배추 같은 채소를 소금에 절인 다음 양념해 발효시킨 우리나라의 대표적인 음식
   예 ○○볶음밥
10. 가로 뻗은 나뭇가지 따위에 두 가닥의 줄을 매고, 줄 맨 아래에 받침대를 걸쳐 놓고 올라서서 몸을 앞뒤로 움직이는 놀이 기구
12. 앞으로의 일을 지킬 것을 미리 정함 비 언약
13. 인간관계가 좋아서 폭넓게 활동하는 사람을 은유적으로 부르는 말
    예 언니는 ○○○○이라서 주변에 친구가 많다

초등교과 가로세로 낱말퍼즐

1	2				3	4
	5	6				
7				8		
9		10		11	12	
	13					
	14					

➡ 정답 123쪽

▶▶ 가로 열쇠

2. 알록달록하게 곱게 만든 아이의 신발을 이르는 말
4. 글을 쓰거나 문학 작품 등을 지은 사람 〔비〕 저자, 작자, 글쓴이
6. 요사스럽고 아주 못된 잡귀 〔비〕 악마
7. 한 나라에서 으뜸가는 도시 〔예〕 대한민국의 ○○는 서울이다
9. 기관이나 상점 따위에서 판매 상품이나 업종 등을 사람들의 눈에 잘 띄게 내건 표지
11. 술이나 물 따위를 데우거나 담는 그릇 〔예〕 ○○○에 보리차를 끓이다
13. 투명한 날개가 있으며 수컷은 여름에 '맴맴' 소리를 내는 곤충
15. 아이를 태워 끌고 다니는 수레

▼▼ 세로 열쇠

1. 장식용으로 손가락에 끼는 고리 〔예〕 예쁜 ○○를 사서 손가락에 꼈다
3. 몸 전체가 주로 검은색인 텃새 〔속〕 ○○○ 날자 배 떨어진다
5. 깊은 밤하늘의 별무리를 강물에 비유해 부르는 말 〔비〕 은하
6. 말을 모아 기르는 곳
8. 우리나라에서 가장 큰 섬. 아름다운 한라산이 있고 돌하르방이 많음
10. 물건 따위를 파는 행위 〔반〕 구매
12. 자기 마음이 원하는 대로 행동할 수 있는 상태 〔반〕 구속
14. 얼굴이 잘생긴 남자 〔예〕 우리 삼촌은 잘생긴 ○○이다

 텃새 철을 따라 자리를 옮기지 아니하고 거의 한 지방에서만 사는 새

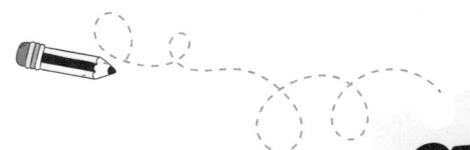

초등교과 가로세로 낱말퍼즐

→ 정답 124쪽

▶▶▶ 가로 열쇠

1. 알에서 깨어난 지 얼마 안 된 개구리의 새끼 (속) 개구리 ○○○ 적 생각 못 한다
3. 눈 위에서 타거나 끄는 썰매
5. 사람이 자리를 잡고 살고 있는 곳을 행정 구역으로 나타낸 이름
   (예) 이사를 가서 집 ○○가 바뀌었다
6. 자신의 아들과 딸을 가리킴 (비) 자녀
8. 푸른 빛깔의 기와로 되어 있으며 우리나라 대통령이 일하고 살던 곳
10. 남에게 선물이나 기념품 따위를 보내드림 (예) 사은품으로 양말을 ○○하다
12. 옛날 농가에서 고용살이하는 남자를 가리킴 (예) ○○살이
13. 못을 박거나 빼는 데 쓰는 연장 (비) 망치
14. 다른 사람의 병원체가 옮기는 것을 말함 (비) 전염

▼▼▼ 세로 열쇠

2. 주로 남자들의 머리를 깎거나 다듬어 주는 곳
3. 눈알 한가운데에 있어서 빛이 들어가는 구멍
4. 날마다. 나날이 (예) 엄마는 ○○ 가계부를 빠짐없이 쓴다
7. 음식을 먹은 뒤에 몸이 나른해 지는 증세
8. 결혼식 등에 손님을 초대하는 쪽지나 편지 (예) ○○○을 받고 친구의 결혼식에 갔다
9. 머리카락이 많이 빠져 벗어진 머리
11. 전기가 잠깐 끊어짐 (예) 갑자기 ○○ 이 되어 손전등을 켰다

초등교과 가로세로 낱말퍼즐

➡정답 124쪽

가로 열쇠

1. 새나 곤충이 날 때 펴는 부분 [속] 옷이 ○○다
4. 손톱에 바르는 화장품의 일종
6. 은으로 만든 쟁반 [예] ○○○에 옥 구르는 소리
7. 많은 사람이 휴식할 수 있도록 만든 큰 정원
    [예] 고모랑 ○○으로 산책을 나갔다
10. 시각을 나타내거나 시간을 재는 장치 [예] ○○를 맞추고 잠을 잤다
11. 일주일 중에 화요일 다음 날
14. 기독교의 경전. 신약과 구약으로 이루어져 있음 [비] 성서, 성전

세로 열쇠

2. 지나치게 짖궂은 장난을 하는 아이를 가리키는 말
    [예] 우리 집 남동생은 심한 ○○○○다
3. 오빠와 누이, 누나와 남동생을 말함 [비] 오누이
5. 귀염을 받으려고 예쁜 태도로 버릇없이 구는 태도 [비] 응석
8. 원시 시대의 인류. 미개 한 사회의 사람을 뜻함 [비] 미개인, 야만인
9. 과일나무를 재배하는 농원 [예] ○○○에서 사과를 땄다
12. 열의 일곱 배가 되는 수. 숫자로 70을 가리킴 [비] 칠십
13. 시력이 나쁜 눈을 잘 보이게 하기 위해 눈에 쓰는 물건 [속] 제 눈에 ○○이다

[미개] 사회가 발전되지 않고 문화 수준이 낮은 상태

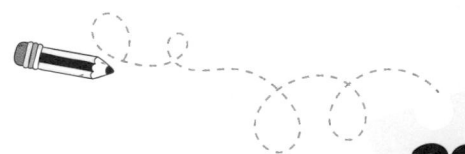

초등교과 가로세로 낱말퍼즐

가로 열쇠

2. 음식을 만드는 데 사용하는 기름 예)부침개를 만들 때는 ○○○가 꼭 필요하다
4. 키가 작은 사람을 장난스럽게 이르는 말 반)키다리
5. 주말에 가족들과 함께 과일이나 채소를 가꾸려고 꾸민 농장
8. 의사가 환자에게 줄 약의 이름과 분량 등을 적은 문서 예)○○○을 들고 약국에 갔다
10. 큰 창자 예)몸속에는 ○○과 소장이 있다
12. 공을 발로 차서 상대방 골대에 넣어 승부를 가리는 경기
    예)월드컵 기간에는 많은 사람이 ○○에 열광한다
14. 선생님이 학생들에게 내는 과제 예)수학 ○○는 너무 어렵다
15. 발가락 끝을 보호하는 뿔같이 단단한 물질

세로 열쇠

1. 국가와 국가 또는 교전* 단체 사이에서 무력을 사용하는 싸움 비)전투
3. 농약을 쓰지 않고 유기물을 이용하는 농업 방식 예)○○○ 식품
6. 말을 아주 잘하는 솜씨 비)말재주, 말재간, 언변
7. 자식 중에 첫 번째 딸 비)큰딸 반)장남
8. 결혼하기 전의 여자 반)총각
9. 전기가 흐르는 전선이나 통신선을 이어 매달아 놓은 말뚝
11. 길이가 긴 머리카락 반)단발
13. 보석으로 둥글게 만든 물건

교전 서로 병력을 가지고 전쟁을 함

초등교과 가로세로 낱말퍼즐

Chapter 04 문해력 쑥쑥 고사성어

어부지리
漁父之利
고기잡을**어** / 아비**부** / 갈**지** / 이로울**리**

고기 잡는 어부의 이로움
두 사람의 다툼을 틈타 다른 제3자가 생각하지 못한 이익을 얻는다는 뜻이에요.

어불성설
語不成說
말씀**어** / 아닐**불** / 이룰**성** / 말씀**설**

말의 앞과 뒤가 맞지 않다
말은 말인데 말의 앞뒤가 맞지 않아 말이라 할 수 없는 경우, 자신의 잘못을 변명하거나 잘못된 주장을 내세우기 위해 억지를 부릴 때 쓰는 말이에요.

용두사미
龍頭蛇尾
용**용** / 머리**두** / 뱀**사** / 꼬리**미**

용의 머리와 뱀의 꼬리
처음 시작은 좋았으나 마지막 끝이 나쁘다는 말이에요.

유비무환
有備無患
있을**유** / 갖출**비** / 없을**무** / 근심**환**

미리 준비하면 걱정이 없다
미리미리 준비하고 있으면 어떤 어려움이 닥쳐도 근심 걱정이 일어나지 않는다는 뜻이에요.

임기응변
臨機應變
임할**임** / 틀**기** / 응할**응** / 변할**변**

변화하는 상황을 알고 알맞게 처리한다
갑작스러운 돌발 상황에도 재치 있게 행동할 때 사용하는 말이에요.

자포자기

自暴自棄
스스로**자** / 해칠**포** / 스스로**자** / 버릴**기**

자기 스스로 포기하고 스스로 버린다

어려운 상황에서 자신감을 잃고 무기력한 모습을 나타낼 때 쓰는 말이에요.

적반하장

賊反荷杖
도둑**적** / 돌이킬**반** / 꾸짖을**하** / 지팡이**장**

도둑이 도리어 지팡이를 들고 꾸짖는다

잘못한 사람이 반대로 아무 잘못도 없는 사람을 꾸짖는다는 뜻으로, 억울한 일을 당했을 때 표현하는 말이에요.

조삼모사

朝三暮四
아침**조** / 석**삼** / 저물**모** / 넉**사**

아침에는 세 개, 저녁에는 네 개

눈앞의 이익만 보고 결과가 같음을 모르는 어리석은 사람이나 그런 사람을 간사한 말로 속일 때 쓰는 말이에요.

죽마고우

竹馬故友
대나무**죽** / 말**마** / 옛**고** / 벗**우**

대나무 말을 타고 놀던 옛날 친구

아주 어릴 때부터 오랜 기간 함께 자란 친구를 뜻해요.

지피지기

知彼知己
알**지** / 저**피** / 알**지** / 자기**기**

적을 알고 나를 알아야 한다

경쟁이나 시합에서 상대방의 강점과 약점을 정확히 알고 전략을 세우면 반드시 이길 수 있다는 뜻이에요.

▶▶▶ 가로 열쇠

2. 흙이나 시멘트 따위로 만든 지붕을 덮은 집 ㉠ 기왓장
5. 행동이 느리고 움직이기 싫어하는 태도나 버릇 ㉫ 나태, 태만 ㉬ 근면
6. 비로 쓸어 낸 먼지나 티끌. 못 쓰게 되어 내다 버릴 물건을 이르는 말
   ㉠ ○○○ 분리수거
7. 식물에 뾰족한 바늘처럼 돋아난 부분. 또는 물고기의 잔뼈
   ㉠ 생선을 먹다가 목에 ○○가 걸렸다
8. 괴로움도 즐거움도 함께함 ㉠ 그와 나는 ○○○○했다
11. 뱀이나 매미 따위가 벗는 껍질 ㉠ 애벌레가 ○○을 벗고 나비가 되었다
12. 늙은 사람 ㉫ 늙은이 ㉬ 젊은이
13. 컴퓨터로 움직이는 물체의 영상을 텔레비전의 화면처럼 만든 것
    ㉠ 컴퓨터로 ○○○을 봤다

 세로 열쇠

1. 선생님이 하는 말이나 읽어 준 글을 그대로 옮겨 쓰는 일
   ㉠ 오늘 학교에서 ○○○○ 시험을 봤다
2. 오리보다 목이 길고 다리가 짧으며, 가을에 와서 봄에 날아가는 철새
3. 엄지손가락과 가운뎃손가락 사이의 손가락 ㉫ 검지
4. 사계절 중 하나로 봄과 가을 사이의 계절 ㉠ 사계절 가운데 ○○이 가장 덥다
8. 주로 아시아 계통의 한국·중국·일본인 등 동양 사람 ㉬ 서양인
9. 깊고 넓은 구멍같이 큰 골짜기나 굴을 뜻함 ㉠ 박쥐는 어두운 ○○에서 생활한다
10. 낡고 헌 물건을 사고파는 장사꾼 ㉠ ○○○에게 고장 난 장난감을 팔았다
11. 자기 분수에 맞지 않게 실속 없이 겉모습에만 신경 쓰는 마음

초등교과 가로세로 낱말퍼즐 41

|1| |2| |3| |4|
|5|
6						
				7
	8		9			10
					11
12				13

▶▶▶ 가로 열쇠

1. 일정한 뜻과 기능을 하며 홀로 쓰일 수 있는 따로따로인 말　비 단어
5. 어떤 일이나 단체에서 제일 으뜸인 사람을 부르는 말　반 부하, 졸개
8. 잠을 자거나 누울 때 머리를 괴는 물건　예 ○○를 베고 잠을 자다
9. 남을 웃기는 말이나 행동　예 내 친구는 ○○ 감각이 뛰어나다
10. 잠잘 때 몸을 덮기 위해 천이나 솜 따위로 만든 것
13. 효성스러운 딸
15. 위험한 일이나 사고가 생길 염려가 없는 상태　반 위험
16. 추위나 무서움을 느껴 몸이 움츠러드는 모양
　　예 공포 영화를 보다가 갑자기 등골이 ○○했다

▼▼▼ 세로 열쇠

2. 남이 하는 말의 뜻을 알아듣는 슬기　예 ○○가 어둡다
3. 글씨나 그림을 지우는 물건
4. 사람이나 차가 많이 다니는 길
6. 말이나 행동 따위를 쉽게 결정하지 못하고 자꾸 망설이는 모양새
　　비 우물쭈물, 주뼛주뼛
7. 멀리까지 볼 수 있는 렌즈로 만든 장치　비 만리경
8. 여칫과의 녹색 곤충. 이솝 우화에도 등장하는 게으른 주인공
　　예 개미와 ○○○
11. 부모에게 효성스럽지 못한 자식을 이르는 말　반 효자
12. 밤 12시부터 낮 12시까지의 시간　반 오후
14. 새로 자라나는 싹　예 ○○이 파릇파릇 돋아나다

초등교과 가로세로 낱말퍼즐

▶▶▶ 가로 열쇠

1. 뜻밖의 긴급한 사태에 쓰기 위해 모아 둔 돈 예) 엄마 몰래 ○○○을 감춰 두었다
4. 상처나 다친 곳에 여러 번 감는 얇은 헝겊 예) 상처 난 손에 ○○를 감았다
5. 몸이나 마음이 지쳐서 고단하고 힘든 상태 비) 피로
7. 의식이 분명하지 않고 흐릿한 상태
8. 얼굴에 탈을 쓰고 추는 전통 연극 예) 봉산 ○○
10. 새해를 맞아 세배를 한 대가로 주는 돈 예) 새해에 할머니가 ○○○을 주셨다
11. 산이나 들의 짐승을 잡는 일 비) 수렵
12. 예술 작품에서 사건의 중심이 되는 인물

⌄⌄⌄ 세로 열쇠

1. 꿈인 것 같기도 하고 꿈이 아닌 것 같기도 한 어렴풋한 상태
2. 황금빛이 나는 잉엇과의 민물고기 예) 수족관에 황금빛 ○○○가 많다
3. 남이 알아듣지 못하도록 작은 목소리로 가만가만 이야기하는 소리
6. 글자를 일정한 규칙에 맞도록 쓰는 방법 비) 철자법
9. 혼인한 두 집안의 부모들 사이 또는 그 집안의 사람들을 이르는 말
   속) ○○ 남 말한다
10. 눈으로 볼 수 없을 만큼 매우 작은 단세포 생물을 두루 이르는 말 비) 박테리아, 균
11. 노를 저어 배를 부리는 사람 속) ○○이 많으면 배가 산으로 간다

초등교과 가로세로 낱말퍼즐

43

1		2				3
		4			5	
				6		
7			8			
		9				
10					11	
			12			

→ 정답 125쪽

▶▶▶ 가로 열쇠

1. 주로 피서지, 휴양지 등에서 즐기는 휴식을 말함
   (예) 여름 해변가에서 ○○○를 즐겼다
4. 입술을 오므리고 혀끝으로 입김을 불어서 소리를 내는 일
   (예) 오빠는 ○○○을 잘 분다
6. 자동차나 자전거 바퀴의 바깥 둘레에 끼는 고무로 만든 바퀴 (예) ○○○가 펑크 나다
7. 병이나 그릇의 아가리나 구멍에 끼워 막는 물건 (비) 뚜껑, 덮개
8. 살이 쪄서 몸이 뚱뚱함
11. 우리나라의 3·1 운동을 기념하는 국경일 (예) 유관순
13. 솥 바닥에 눌어붙은 구수한 밥 (비) 눌은밥
15. 네모반듯하게 만든 흰 설탕 (비) 각사탕

▼▼▼ 세로 열쇠

1. 바람을 맞으면 돌아가는 장난감
2. 목이 긴 여성용 양말
3. 귀에 꽂거나 밀착해 소리를 듣는 장치 (예) ○○○을 끼고 음악을 들었다
5. 머리를 물결처럼 곱슬곱슬하게 지지는 일
   (예) 엄마는 미용실에 가서 예쁘게 ○○를 했다
9. 할인해 판매함 (예) 장난감을 ○○할 때 아주 싸게 샀다
10. 오빠와 여동생 (비) 남매
11. 영계* 의 내장을 빼고 인삼과 각종 약재를 넣어 끓인 탕국
    (예) 초복에는 ○○○을 먹어야 몸보신이 된다
12. 남의 물건을 몰래 훔침 (비) 도둑질
14. 정해진 시간보다 늦음 (예) 늦잠을 자서 학교에 ○○했다

영계 병아리보다 조금 큰 어린 닭

초등교과 가로세로 낱말퍼즐

		1		2		3
4	5			6		
	7					
		8			9	
10				11		12
13		14				
		15				

→ 정답 125쪽

▶▶ 가로 열쇠

1. 말라서 떨어진 나뭇잎 〔예〕 가을이 되면 ○○이 우수수 떨어진다
2. 책을 읽거나 공부할 수 있도록 따로 마련한 방
4. 상대방의 손을 마주 잡아 힘주어 인사하는 것
6. 싸움하던 것을 멈추고 안 좋은 감정을 풀어 없앰
   〔예〕 어제 친구랑 싸운 것을 후회하고 오늘 ○○했다
8. 새롭거나 모르는 것을 알고 싶어 하는 마음 〔예〕 그는 ○○○이 매우 강하다
10. 아무 데도 의지할 곳 없고 매인 데 없는 홑몸
11. 드러나지 않은 사실을 몰래 살펴 알아냄. 또는 그런 일을 하는 사람
    〔예〕 그 사람은 이번 사건을 ○○에게 의뢰했다
12. 사람의 힘이 닿지 않아도 기계가 스스로 움직임 〔반〕 수동
13. 산에서 야생으로 나는 딸기

▼▼ 세로 열쇠

1. 글자나 그림 등을 장난으로 아무 데나 함부로 쓰는 행위
   〔예〕 책상에 함부로 ○○를 해서 혼이 났다
2. 어두운 갈색으로 부리와 발톱이 날카롭고 크며 목에 테를 두른 것처럼 솜털이 나 있는
   수릿과의 새 〔예〕 ○○○는 하늘의 제왕이다
3. 실외가 아닌 실내에서 신는 신발 〔예〕 교실에서 ○○○를 갈아 신었다
5. 어린아이를 귀엽게 부르는 말 〔비〕 아가
7. 해가 막 솟아오르는 현상 〔비〕 일출
8. 남의 것을 빼앗기 위해 가만히 기회를 엿봄 〔예〕 ○○○○ 기회를 노리다
9. 마땅치 않게 여기는 나쁜 마음 〔비〕 심술
10. 아들 없이 단 하나뿐인 딸 〔비〕 무남독녀 〔반〕 외동아들
12. 개인이 소유하고 있는 경제적 가치가 있는 재산 〔예〕 그는 돈이 많은 ○○가이다

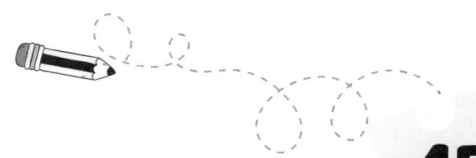

초등교과 가로세로 낱말퍼즐

1			2		3	
		4				
	5				6	7
8		9				
				10		
11			12			
			13			

→ 정답 125쪽

(103)

▶▶▶ 가로 열쇠

1. 자기 아내 또는 남편을 부르는 말
3. 땅의 경사가 점점 높아지는 곳 (반) 내리막
5. 말린 포도로 맛이 매우 달달함
7. 꾸밈없이 수수하고 무던함 (예) 옷차림이 ○○하다
8. 다섯 손가락 가운데 가장 짧고 굵은 첫째 손가락
9. 닭이 낳은 알 (비) 달걀
10. 갑자기 세차게 쏟아지는 비 (예) 갑자기 내린 ○○로 도로가 잠겼다
13. 생물의 한 종류가 지구상에서 아주 없어짐

⌄⌄⌄ 세로 열쇠

2. 질병의 예방, 진료 등 공중 보건을 향상시키기 위한 의료 기관
4. 어떤 일이나 현상의 마지막 단계 (반) 초입
6. 여러 명이 나직한 목소리로 정답게 서로 이야기하는 소리. 또는 그런 모습
   (예) 친구들과 ○○○○ 이야기했다
7. 죽도로 상대편을 치거나 찔러서 얻은 점수로 승패를 겨루는 운동 경기 (비) 검술
8. 고통이나 어려움을 거짓으로 과장되게 나타내는 태도 (예) 오빠는 ○○이 심하다
10. 절벽에서 바로 쏟아지는 물줄기
11. 그 지역에서 나는 종자 (비) 재래종
12. 모자라서 남에게 뒤떨어지거나 떳떳하지 못한 점 (비) 단점 (반) 강점

초등교과 가로세로 낱말퍼즐

1	2			3		4
	5		6			
7					8	
		9				
10				11		12
			13			

→ 정답 125쪽

▶▶▶ 가로 열쇠

1. 사람이 곁에 두고 기르는 동물 예 우리 집 강아지는 나의 ○○○○이다
3. 구리와 주석 등의 합금* 으로 만든 돈 반 지폐
4. 상처를 보호하거나 붕대를 고정시키기 위해 만든 테이프
   예 손가락을 다쳐서 ○○○를 붙였다
6. 바닷가에 자리 잡고 있는 마을 비 어촌
7. 여름철에 계속해서 내리는 비 반 가뭄
8. 돈을 벌거나 영리를 목적으로 많은 사람이 근무하는 곳 비 직장
11. 터무니없는 헛소문 비 풍문
13. 나쁜 쪽으로 생각하는 속마음 비 마음보 예 놀부 ○○
14. 돈을 받고 남의 일을 하는 사람 예 공사장에서 ○○을 모았다

▼ 세로 열쇠

1. 거죽이 아주 매끄럽고 윤이 나는 모양 예 방바닥이 ○○○○하다
2. 주로 운동을 하기 위해 만든 큰 마당 예 학교 ○○○에서 축구를 했다
5. 고개에서 가장 높은 자리
9. 산이나 들에서 짐승 따위를 잡는 사람
10. 자기 행동에 대해 옳고 그름이나 선과 악의 판단을 내리는 선량한 마음
    예 ○○에 가책을 느끼다
12. 사람이나 동물의 목 위에 있는 부분으로 생각하고 판단하는 능력을 가짐 비 두뇌

 합금 하나의 금속에 성질이 다른 하나 이상의 금속이나 비금속을 섞어서 녹여 새로운 성질의 금속을 만듦. 또는 그렇게 만든 금속

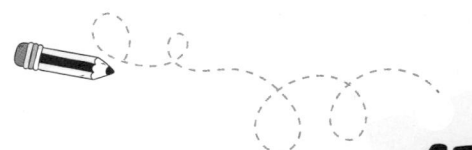

초등교과 가로세로 낱말 퍼즐

▶▶▶ 가로 열쇠

1. 축하하기 위해 찾아온 손님
2. 산에서 흙이나 모래 따위가 미끄러져 내려오는 현상
   예 어제 내린 비로 ○○○가 발생했다
4. 인기 있는 배우나 운동선수 등을 별로 비유해 부르는 말 비 인기인
6. 불에 무엇인가 탈 때 생겨나는 그을음 예 굴뚝에서 검은 ○○가 피어오른다
7. 대기 중에 떠다니며 눈에 보이지 않을 정도로 작은 먼지
9. 학생이 학교에서 공부를 마치고 돌아오는 것을 뜻함 반 등교
12. 마음속으로 괴로워하고 애를 태움 비 고뇌, 고심
13. 머리는 뱀과 비슷하며 네 발은 짧고 위험을 당하면 꼬리를 자르고 다시 재생하는 동물
14. 구름과 구름, 구름과 대지 사이에 방전으로 불꽃이 일어나는 현상
    예 비가 세차게 내리면서 천둥과 ○○가 쳤다

세로 열쇠

1. 어떤 일을 축하하기 위해 벌이는 큰 잔치나 행사를 말함 예 벚꽃 ○○
2. 붉은 외투를 입고 흰 수염이 난 노인으로 크리스마스 전날 밤에 나타남
   예 크리스마스 선물
3. 우리나라의 국기
5. '나이'의 높임말 비 춘추
7. 한번 들어가면 도저히 방향을 알 수 없어 헤매게 되는 길
8. 땅속을 다니는 철도 예 등굣길은 버스보다 ○○○이 빠르다
10. 국가를 구성하는 사람. 또는 그 나라의 국적을 가진 사람 비 백성
11. 사람의 마음을 홀려 나쁜 짓을 일삼는 마귀 반 천사
12. 목의 뒤쪽이나 머리를 가리킴 예 ○○를 들어 하늘을 본다

초등교과 가로세로 낱말퍼즐

➡ 정답 125쪽

▶▶▶ 가로 열쇠

2. 컴퓨터 입력 장치의 하나로 타자기와 비슷한 글자판 (비) 자판
4. 찌는 듯한 더위 (비) 폭염
5. 음악의 곡조를 일정한 기호를 사용해 적어 놓은 책이나 종이
   (예) 피아노 ○○를 보고 곡을 연주했다
7. 수수나 옥수수 줄기의 껍질을 벗긴 것으로 주로 미술 시간에 재료로 많이 사용함
   (예) 미술 시간에 ○○○으로 장난감을 만들었다
9. 과육이 흰 백도와 노란 황도로 나뉘며 껍질이 벨벳과 같이 부드러운 솜털로 되어 있는 과일
10. 은행에서 예금한 사람에게 만들어 주는 장부
    (예) 나는 오늘 은행에 가서 ○○을 만들었다
12. 숨기어 남에게 드러내거나 알리지 말아야 할 일 (예) 내 시험 점수는 ○○이다
13. 아이들이 주로 놀 수 있도록 놀이 시설을 만들어 놓은 곳
    (예) ○○○에서 미끄럼틀을 타고 놀았다
14. 큰 나무들이 빽빽하게 우거진 깊은 숲 (비) 정글

▼ 세로 열쇠

1. 손을 대지 않고 버려 두어 거칠어진 땅 (반) 옥토
2. 녹갈색의 과실 표면에 갈색 털이 있고, 약간 신맛과 단맛이 나는 과일 (비) 다래
3. 작은 물건이나 글자 등을 크게 보이도록 하는 안경 (비) 노안경, 확대경
6. 곡식을 해치는 새와 짐승 따위를 막기 위해 사람처럼 만들어 논밭에 세워 둔 것
    참새와 ○○○○
8. 양철로 만들어 주로 통조림통으로 쓰임
9. 매우 귀중한 사람이나 물건을 비유적으로 부르는 말
11. 간장에 소고기를 넣고 조린 음식

초등교과 가로세로 낱말퍼즐

49

➡ 정답 126쪽

가로 열쇠

1. 노동자들이 하던 일을 집단적으로 그만두는 행위
   예 근로자들이 하던 일을 멈추고 ○○을 벌였다
2. 이마나 뒤통수가 유달리 크게 튀어나온 머리 예 동생은 머리가 약간 ○○다
4. 머리, 가슴, 배로 나뉘고 다리가 6개인 동물
7. 가톨릭교회의 우두머리인 로마 대주교
9. 남이 모르게 넌지시 다가옴 비 몰래, 살며시, 살짝
13. 강황, 후추, 생강 등으로 만들며 노랗고 매운 인도식 요리
14. 음식점 등에서 파는 음식의 종류와 가격을 적은 표 비 식단, 메뉴
15. 원하는 바를 들어주어 승낙함 비 승낙, 허가 반 불허

세로 열쇠

1. 땅을 기어 다니고 알을 낳는 거북이, 악어, 뱀 따위의 동물군
3. 못 견디게 괴롭히고 다그치는 일 비 타박, 학대 반 공경
5. 기다란 소시지에 밀가루 반죽을 입혀 기름에 튀긴 음식
6. 사람과 사람 사이의 관계를 끊음 반 교제
8. 중국 북부나 몽골 지방에서 바람에 날려 오는 누런 모래
9. 열이나 약품으로 세균을 죽이는 일 비 멸균
10. 머리에 난 털 비 머리칼
11. 그날의 마지막으로 운행하는 차 반 첫차
12. 편지나 서류 등을 보낼 때 우편물에 붙이는 증표

초등교과 가로세로 낱말퍼즐

➡정답 126쪽

Chapter 05 문해력 쑥쑥 고사성어

청출어람
青出於藍
푸를**청** / 날**출** / 어조사**어** / 쪽**람**

푸른색은 쪽에서 나왔지만 쪽빛보다 더 푸르다
제자가 스승보다 더 뛰어날 때 쓰는 말이에요.

촌철살인
寸鐵殺人
마디**촌** / 쇠**철** / 죽일**살** / 사람**인**

한마디의 쇳조각으로 사람을 죽이다
말이라는 것은 힘이 세서 짧은 말이나 글로 상대방을 감동시키거나 남의 약점을 날카롭게 비판할 수 있다는 뜻이에요.

칠전팔기
七顚八起
일곱**칠** / 정수리**전** / 여덟**팔** / 일어날**기**

일곱 번 넘어져도 여덟 번째 일어난다
실패를 여러 번 거듭해도 끝까지 포기하지 않고 다시 일어난다는 뜻이에요.

타산지석
他山之石
다를**타** / 뫼**산** / 갈**지** / 돌**석**

다른 산의 돌
다른 사람의 잘못된 말과 행동을 보고 깨우침을 얻을 때 쓰는 말이에요.

토사구팽
兔死拘烹
토끼**토** / 죽을**사** / 잡을**구** / 삶을**팽**

토끼가 죽으니 사냥개를 삶는다
본인이 필요할 때는 소중히 잘 쓰다가 갑자기 필요하지 않게 되면 헌신짝처럼 버린다는 말이에요.

파죽지세
破竹之勢
깨뜨릴**파** / 대나무**죽** / 갈**지** / 기세**세**

대나무를 쪼개는 기세
그 누구도 대적할 상대가 없을 만큼 강한 기세를 말해요.

풍수지탄
風樹之嘆
바람**풍** / 나무**수** / 갈**지** / 탄식할**탄**

바람과 나무의 탄식
부모님이 돌아가셔서 자식이 효도를 하고 싶어도 할 수 없음을 바람과 나무로 비유한 말이에요.

풍전등화
風前燈火
바람**풍** / 앞**전** / 등불**등** / 불**화**

바람 앞의 등불
바람 앞에 언제 꺼질지 모르는 등불처럼 매우 위태로운 상황을 뜻해요.

형설지공
螢雪之功
반딧불이**형** / 눈**설** / 갈**지** / 공로**공**

반딧불과 하얀 눈빛으로 이룬 공
가난 속에서도 반딧불과 눈의 빛으로 글을 읽어 가며 공부해 이룬 공을 뜻하는 말로, 주어진 환경에 구애받지 않고 열심히 공부하는 모습을 나타내요.

호연지기
浩然之氣
클**호** / 그러할**연** / 갈**지** / 기운**기**

하늘과 땅 사이에 가득한 넓고 큰 기운
사람의 마음에 가득 차 있는 정의에 근거를 둔 바르고 큰 마음을 말해요.

정답

01

거	북	선		마	스	크
미		인		술		레
	도	장				용
아			단	호	박	
우	체	부			수	녀
성		메	뚜	기		
	신	랑		장	발	장

02

버	스				혈	관
	파	도				객
		게		가	방	
에	티	켓		망	아	지
스			나	이		옥
키		대			고	
모	기	장		동	물	원

03

점		무	궁	화		
심	청	전		가	마	솥
		기	사		술	
애		진		사	과	
완	성				일	
동		일	기	예	보	
물		본		석	유	

04

우	주	선		용	수	철
리		물	고	기		도
나	비		무			
라			신	사	임	당
	장	미		전		나
		용	서			귀
화	장	실		김	밥	

05

	가			은		아
호	랑	이		메	아	리
	비		배	달		랑
피	아	노		지	구	본
	파		커		미	
	트	로	피		호	떡

06

자	장	가		마	침	표
물				녀		창
쇠	똥	구	리		고	장
			더			
진	달	래		잠	자	리
돗				꼬		
개	구	리		대	통	령

07

	속	임	수		한	
농	담		의		자	석
사		눈	사	람		류
		무			판	
	인	어		미	소	
포	도		소	리	본	
로			풍	선		명

08

	잠	수	함		방	울
생			정		송	
일	기	장		한	국	어
		둥		월		린
신			세	종	대	왕
호	수			이		자
등				학	교	

09

삼	각	형			모	
국		제		돗	자	리
지		자				
		매		몽	둥	이
신	비		성	당		모
	상	소		연	구	
야	구			필	름	

10

반		고	슴	도	치	
대	화		향		돌	
말	장	난		차	이	점
	품		체		표	
		실	험	실		
추	리		학		흥	부
석		가	습	기		부

11

친	구				보	물
		가		거	름	
청	개	구	리		달	력
		천		벌		
	절	레	절	레		만
벚			약		영	화
꽃	사	슴			웅	

12

고	집		올	빼	미	
궁			림		술	래
		그	래	픽	관	
트	림					가
	자	존	심		만	족
독			판	사		
도	전			표	주	박

13

시	간	표		후	진	국
력		범		회		경
	모		사		내	일
이	순	신	장	군		
사		데		것		
		렐		질	병	
고	릴	라			자	수

14

공	룡		역		기	도
무		천	사			서
원	기	둥		소	방	관
	관				귀	
고	사	성	어			
구			항	아	리	
마	이	크		침		

15

	입	맞	춤		놀	림
방	학		나	이	프	
	식	중	독		동	
광			립		산	소
고	백		운			원
	두		동	화	책	
부	산	역			장	남

16

환	자		높	임	말	
	린			금		
	고	아			아	우
낭	비		쌍	둥	이	
		노				외
전	래	동	화		미	국
사			염	전		인

17

아	이	큐		잔	디	
삭		브	라	보		딤
아	부		조	약	돌	
삭		풍	산	개		
	수		삼		의	사
전	염	병				투
		원	망		의	리

18

북	한			껍		다
	숨	바	꼭	질		람
			짓			쥐
별			점	박	이	
똥		농			별	명
별	주	부	전			의
	먹		갈	매	기	

19

	바	이	러	스		장
사		자		티		기
부	자			커	트	
	신	기	록		집	
단	감			운		리
짝				동		코
	이	솝	우	화		더

20

첫	사	랑		장	난	감
눈			횡			옥
			단	무	지	
훈		양	보			
민			도	자	기	
정	거	장		매		고
음		구			장	모

21

아	나	운	서		고	장
			울			사
콘	서	트		갯		꾼
도		라	이	벌		
	종	이			골	목
해		앵	무	새		욕
적		글		우	당	탕

22

태	풍				복	싱
	경	찰		눈		글
명		흙	탕	물		벙
함	성				정	글
			애	호	박	
떡		벌			교	수
국		레	슬	링		박

23

	코	뿔	소		짜	
주	스		금		장	군
		모	래			면
		스		교	회	
태				초	인	종
권		굴		리		량
도	깨	비			어	제

24

축	하			거	미	줄
	품	앗	이			다
호			심	술		리
텔	레	비	전		감	기
			심	장		
백		인				요
조	련	사		막	걸	리

25

공	부			자	전	거
	뚜		사			지
	막	상	막	하		
무		반		모	범	생
지		신		니		
개	미		카	메	라	
	풍	년			주	

26

		염	라	대	왕	
연	휴		디			
	필			오	순	도	순
		타	조		두		대
		임			부	채	
너	머		최		점		프
	신	문	고				로

27

	해		여	름	방	학
손	수	건			앗	
	욕				간	장
	장		고	삐		수
장			속			하
수	학		버	릇		늘
	원	피	스		청	소

28

고	름			조	바	심
인		노	벨	상		심
돌	고	래				풀
	집			다		이
	불	가	사	리		
두	통		이		초	대
목			비	빔	밥	

29

토	지		한		짝	꿍
마			옥	수	수	
토	요	일		영		교
	정		송			가
마			편	의	점	
라		만			수	화
톤		두	더	지		술

30

새		콜		강	아	지
해	바	라	기		버	
	가			바	지	
	지	렁	이			
승			삿		부	케
강	풍		짐	승		이
기				마		크

31

천	국			햄	스	터
	기		멤	버		널
		잠		거	인	
통	학	버	스		삼	촌
조		릇		고		
림				드	라	마
		여	드	름		부

32

솜	씨			도	서	실
사		체	중		비	
탕	수	육			스	키
		족		창	고	다
		관	찰	양		리
약		떡	볶	이		
국	수				은	행

33

척	척	박	사		휴	가
추		물		꽃	게	
		관			소	름
수			천	벌		
수	세	미		금	요	일
께		녀			리	
끼			간	호	사	

34

		소	나	기		
바	나	나		겁	쟁	이
느		무	식			
질	투		수		강	
	표	정		성	조	기
		수	류	탄		름
거	머	리		절	벽	

35

소			피	라	미	드
화	원		눈		나	
기			물	난	리	
		차	남		로	여
아		편	지			동
궁				구	사	일
이	웃	사	촌		출	생

36

여	우				지	도
	산	봉	우	리		둑
강		사		김		
강	물		그		치	약
술		마	네	킹		속
래		당				
		발	레	리	나	

37

반			꼬	까	신
지	은	이		마	
	하		마	귀	
	수	도	구		
제			간	판	
주	전	자		매	미
도		유	모	차	남

38

올	챙	이		눈	썰	매
		발		동		일
		주	소		자	식
					곤	
청	와	대			증	정
첩		머	슴			전
장	도	리		감	염	

39

날	개		남		
	구		매	니	큐	어
은	쟁	반				리
	이		공	원		광
과				시	계	
수	요	일		인		안
원		혼		성	경	

40

	전		식	용	유	
난	쟁	이			기	
		주	말	농	장	
처	방	전		솜		녀
녀		봇		씨		
	대	장			축	구
숙	제	발	톱			슬

41

받		기	와	집		여
아		러	게	으	름	
쓰	레	기		손		
기				가	시	
	동	고	동	락		고
	양		굴		허	물
노	인		동	영	상	

42

낱	말		지		거	
	귀		우	두	머	리
망		베	개		뭇	
원		짱		유	머	
경		이	불		뭇	
	오		효	녀		새
안	전		자		오	싹

43

비	상	금			소	
몽		붕	대		피	곤
사		어		맞		소
몽	롱		탈	춤		곤
		사		법		
세	뱃	돈			사	냥
균			주	인	공	

44

		바	캉	스		이
휘	파	람		타	이	어
	마	개		킹		폰
		비	만		세	
오				삼	일	절
누	룽	지		계		도
이		각	설	탕		

45

낙	엽		독	서	실	
서		악	수		내	
	아		리		화	해
호	기	심				돋
시		통		외	톨	이
탐	정		자	동		
탐			산	딸	기	

46

여	보		오	르	막	
		건	포	도		바
검	소		란		엄	지
도			도		살	
		계	란			
폭	우			토		약
포			멸	종		점

47

반	려	동	물		운	
들				동	전	
반	창	고		장		
들		갯	마	을		
	장	마			회	사
양		루	머			냥
심	보		리		일	꾼

48

축	하	객		산	사	태
제			스	타		극
	연				연	기
미	세	먼	지			
로			하	교		국
	악		철		고	민
도	마	뱀		번	개	

49

황		키	보	드		돋
무	더	위			악	보
지			허			기
			수	수	깡	
		복	숭	아		통	장
		덩		비	밀		조
놀	이	터			밀	림

50

		파	업		짱	구
	곤	충		핫		박
절		류		도		
교	황		살	그	머	니
	사		균		리	
막		우		카		레
차	림	표		허	락	

초등 교과 가로 세로 낱말 퍼즐 초급

초판 1쇄 발행 2023년 9월 30일
초판 3쇄 발행 2025년 1월 25일

감 수 자 김미라
발 행 처 도서출판 모모
편   집 모모 편집 기획팀
디 자 인 한은경

출판등록 제2018-000055호
주   소 서울시 서대문구 증가로 211, 302호
전   화 02)304-9510
팩   스 02)304-9511
이 메 일 supiabook@naver.com

ISBN 979-11-977769-5-3 (73710)

ⓒ 도서출판 모모 2025 Printed in korea

본 도서의 모든 내용은 저작권법에 의해 대한민국 내에서 보호를 받는 저작물이므로 무단 전재와 복제를 금합니다.

잘못 만들어진 책은 바꿔 드립니다.

어린이제품 안전특별법에 의한 표시사항
제조사명 도서출판 모모 **제조국** 대한민국 **사용연령** 8-13세 **제조년월** 판권에 별도 표기
주소 서울시 서대문구 증가로 211, 302호 **연락처** 02-304-9510
주의사항 책 모서리나 종이에 긁히거나 베이지 않게 조심하세요